HEXIN SUYANG SHIYU XIA
XUEXIAO JIAOYU GUANLI DE CHUANGXIN SHIJIAN TANJIU

核心素养视域下
学校教育管理的
创新实践探究

李中强 ◎著

中国出版集团
中译出版社

图书在版编目（CIP）数据

核心素养视域下学校教育管理的创新实践探究 / 李
中强著. -- 北京：中译出版社，2024. 6. -- ISBN 978-
7-5001-7994-8

Ⅰ. G47

中国国家版本馆CIP数据核字第2024QT0922号

核心素养视域下学校教育管理的创新实践探究
HEXIN SUYANG SHIYU XIA XUEXIAO JIAOYU GUANLI DE CHUANGXIN SHIJIAN TANJIU

著　　者：李中强
策划编辑：于　宇
责任编辑：于　宇
文字编辑：田玉肖
营销编辑：马　萱　钟筱童
出版发行：中译出版社
地　　址：北京市西城区新街口外大街 28 号 102 号楼 4 层
电　　话：（010）68002494（编辑部）
邮　　编：100088
电子邮箱：book@ctph.com.cn
网　　址：http://www.ctph.com.cn

印　　刷：北京四海锦诚印刷技术有限公司
经　　销：新华书店
规　　格：710 mm×1000 mm　1/16
印　　张：12.75
字　　数：207 千字
版　　次：2025 年 3 月第 1 版
印　　次：2025 年 3 月第 1 次

ISBN 978-7-5001-7994-8　　　定价：68.00 元

前　言

　　当今时代，科技日新月异，知识经济迅猛发展，经济全球化、信息化步伐明显加快，这些变化对人们的素养提出了更新、更高的要求。"学生核心素养"这一概念的提出，明确了学生应具备的适应终身发展和社会发展需要的必备品格和关键能力，回应了新时代的呼唤，也为深化课堂教学革新提供了方向。学生发展核心素养，必须落实到课程开发设计以及课堂教学中。课堂教学是核心素养培育的主阵地，教师无疑是实现核心素养落地的主力军，核心素养培育给课堂教学的革新带来了严峻的考验。教育管理是一项系统性工程，需要从更多方面展开构建操作，突出主体意识、强化核心素养、践行立德树人，是学校教育管理需要遵循的理论基础。学校教育管理的对象是学生，学生是教育教学主体，围绕学生展开教育管理设计和组织，符合现代教育理论要求；核心素养和素质教育有更多契合点，为学生健康成长创造条件；立德树人与教书育人高度吻合，确立了学校教育管理的基本方向。

　　本书是学校教育管理方向的书籍，主要研究核心素养视域下学校教育管理的创新实践。本书从核心素养与教育管理概述入手，针对学校教育管理理念与多元探索进行了分析研究；对指向核心素养的课程整合、基于核心素养培育的课堂教学做了一定的介绍；对学校教学组织与教学质量管理、学校教师与学生管理、学校公共关系管理提出了一些建议；旨在摸索出一条适合现代学校教育管理工作的科学道路。希望本书适合教育管理相关工作者参考使用。

　　作者在写作本书时参考了许多国内外同行的著作和文献，在此一并向涉及的作者表示衷心的感谢。由于作者水平有限，书中难免存在不足之处，恳请读者批评指正。

作　者

2024 年 5 月

目　录

第一章　核心素养与教育管理概述

第一节　核心素养的内涵

一、核心素养的定义

对核心素养的关注，意味着在当下教育变革的浪潮中，人才质量标准的重新定位。

这里从三个维度来剖析核心素养的定义。②维度一，学生核心素养培育的思想基础是"人的全面发展"，具体诠释学生经历教育后必须拥有怎样的基本素养和能力，成为怎样的人才。人的全面发展的当代内涵就是指提高人的综合素质和创新能力，这和核心素养的理念是一致的。核心素养是知识、技能和态度等的综合表现，不是囿于某单一学科的知识和技能，而是非情境化的，适用于不同学习领域、不同情境中。而且各国各地区核心素养体系中的指标大多都可按照经济合作与发展组织的架构划分，分为人与工具互动、人与自己互动、人与社会互动，从分类框架上体现综合性。再者，各个国家在核心素养体系建构中均提到的创新素养的培养也是全面发展理论最核心成分。维度二，核心素养的价值取向在于满足"个人发展"与"社会发展"的双重需要。在个人的自我实现与发展方面，核心素养必须为人们追求生活目标提供帮助，为实现个人兴趣及终身学习的愿望提供动力，有助于满足个人"优质生活"需求，获得个人成功的人生。同时，在社会发展方面，核心素养可以帮助每个人建立公民身份、行使公民权利、积极融入社会，支持个人在社会文化网络中，积极地回应情境的要求与挑战，保障社会的稳定和发展。因此，核心素养不仅可以营造"成功的个人生活"，更可以有助于建立功能健全的社会，达成"优质社会"的发展愿景。维度三，核心素养的内容包括知识、能力、态度等多方面，其含义比"知识"的意义更加宽广，并不指向某一学科知识，而是强调个体能够积极主动并且具备一定的方法获得知识和技能；比"能力"的意义更加宽泛，既包括传统的教育领域的知识、能力，还包括学生的情感、态度、价值观。它是一系列知识、技能和态度的集合，以三维整合的方式呈现，有较强的综合性和实践性，如国际上重视的语言交往、信息处理、问题解决、社会合作、创新意识等素养，都是学生获得知识、习得能力、发展情感后相互融合的产物。总之，核心素养是个体适应未来社会需要、获得全面发展、提高生存能力的必备品格和关键能力，是满足终身学习的基本条件，是提升个体综合素质的重要保障。

二、核心素养的特点

（一）普遍性

核心素养的普遍性表现在它是不同学习领域、不同情境中都不可或缺的共同底线要求。一方面，核心素养不同于素养。素养是在个体与情境的有效互动中生成的，这些情境包括家庭、职场、社区及其他公共领域等。素养不应该脱离特定的情境，不同的情境所要求的素养也有所不同，抽象地谈论所谓"素养"是没有太大的价值的。而核心素养不是只适用于特定情境或特定人群的特殊素养，而是适用于一切情境和所有人的普遍素养。另一方面，核心素养是一种跨学科素养，它强调各学科都可以发展的、对学生最有用的东西，并不指向某一学科知识，不针对具体领域的具体问题，而是强调个体能够积极主动并且具备一定的方法获得知识和技能，从人的成长发展与适应未来社会的角度出发，跨学科跨情境地规定了对每一个人都具有重要意义的素养。例如，审美素养不仅仅是音乐、美术课程需要致力促进学生养成的素养，语文课程同样需要对学生进行文学美的浸润，培养其感知美、欣赏美、评价美的意识和基本能力。再者，随着知识时代的开启，知识的增加到了令人目不暇接、耳不暇闻、思所不及的程度。在这样的时代，任何个人都不可能把所有的知识都学懂、都弄通，这需要学生养成学会学习的核心素养以适应科学技术日新月异的发展。通过努力学习提高自身的言语信息技能、态度技能、动作技能、智慧技能和认知技能，掌握符合自身特点的一整套科学学习方法体系，从而使自己掌握主动学习、终身学习、全面发展和持续发展的能力。这是每个学科课程共同的价值追求，体现了素养要求的普遍性。

（二）生长性

核心素养的动态性表现在其是可教可学、动态发展的。学生核心素养的获得是一个循序渐进、不断深化的过程，它可以通过外在刺激，诸如有意的教育进行规划、设计与培养。当学生踏入社会，核心素养是个人通过积极主动与真实情境展开互动而不断延伸、拓展和生长的开放体系，随着社会经验的丰富、个体发展需求的增加，素养的内涵会得到丰富和完善。例如：诸多国家核心素养体系中涉及的沟通交流能力就呈现出明显的生长性，学生在进入学校之前就具有一定的表达能力基础，经过学校课程、活动的系统性训练，学生习得较为标准化、系统化的表达方式与沟通技巧，搭建起一套适用于学校、家庭环境的交流沟通能力体系。当学生进入社会以后，社交网络的扩大，面对形形色色的人，适用于学校、家庭的沟通交流方式显得匮乏，在实践的打磨中，个人的沟通交流方式和技巧越发丰富和完善，逐渐形成更加纯熟、多元、完善的沟通交流能力体系。由此可见，核心素养是可教可学的，具有发展连续性。同时，核心素养是通过外显行为表现出来的，体现为行为意向、行为技能水平等。因此，尽管核心素养是动态发展的，但可以根据相关理论开发相应的工具对其进行测评。

（三）统整性

核心素养的统整性表现在两方面：一方面，核心素养是知识、能力、态度、价值观和情绪的集合体。核心素养超越了知识与能力二元对立的观念，是相关知识、认知技能、态度、价值观和情绪的集合体。它涵盖了稳定的特质、学习结果（如，知识和技能）、信念价值系统、习惯和其他心理特征。在各因素之间凸显了态度因素的重要性，强调了人的反省思考及行动与学习，其目的不仅限于满足基本生活需要，更有助于个人追求生活目标、促进个人发展和有效参与社会活动。例如，国际理解、创新精神等，更加侧重学生品性修养、态度养成和情感发展。这一超越知识和技能的内涵，可以矫正过去重知识、轻能力、忽略情感态度价值观的教育偏失，更加完善和系统地反映教育目标和素质教育理念。另一方面，核心素养统整了个人和社会的需求。核心素养的价值追求在于促进个人发展和形成良好的社会，使学生能够发展成为更为健全的个体，能够更好地适应未来社会的发展变化，并为终身学习、终身发展打下良好的基础，并且能够达到促进社会良好运行的目的②，由此统整个人、社会两方面的目标与追求。例如，就合作参与素养来说，人类面临问题的复杂化程度，社会分工的精细化发展都决定了合作参与的价值愈加凸显。全球变暖、臭氧空洞、水污染等一系列问题成为需要人类共同面对的燃眉之急，需要大家矢志不渝的共同努力。因而，合作已经成为社会发展的重要途径。同时，面对激烈的竞争，个人想取得成功也离不开与他人的合作，因而合作参与素养的养成是个人发展的内在需求。由此可见，合作参与素养统整了社会的需求和个人发展的需求。

三、核心素养的维度

（一）人与工具

人与工具维度指的是个人能够运用语言、符号、信息技术等进行有效互动的核心素养。工具的恰当运用是人们改造世界的基础，在科学技术迅猛发展的今天，如何有效地利用我们所掌握的工具与技术，是处理好社会发展过程中矛盾的关键。另外，语言运用和信息收集与处理是人与工具核心素养里的两个关键点。

1. 语言运用

语言运用素养是指交际者在掌握了一种语音、词汇和语法等基本知识和基本规则的前提下，能在特定的语言环境里按照一定规则准确、得体地使用语言进行交流、理解与创造性地表达。合理有效地运用语言，是个体在社会中存在并发展的前提基础。个体只有掌握了基本的语言知识、技巧与能力，才能够有效地生存于社会之中。语言运用素养主要包括母语语言运用和外语语言运用两个层面。

2. 信息素养

信息素养是指人们在信息社会中运用现代信息技术获取、利用、开发、评价和传播信息的修养与能力。21世纪是信息的世纪，如何能够高效地获取信息，并充分地开发和利用信息，是人们成功立足于社会的很重要的能力。信息素养包括信息意识、信息知识、信息能力、信息道德四个层面。

（二）人与自我

1. 自我理解

自我理解素养是指个体对有关自己的思想和态度认知的概念系统，是对行为、感觉、思想等相关信念、态度的一定水平意识或知识。人对自我的基本理解，是人作为"人"的理念基础，"人"只有充分了解了自身的社会性存在，才能够更好地生存与发展。自我理解素养包括生理自我理解、心理自我理解与社会自我理解三个层面。

2. 反思能力

反思能力素养指的是拥有自我反思的情感和意志力，对个体所见、所闻、所经历的事情具有批判性和探究性思考的能力，是反思活动能够顺利展开的心理素质特征的综合体。在现今社会发展过程中，反思能力扮演着日益重要的角色。人只有能够对自己的知识、行为作出恰当的反省与思考，才能够获得人生的进步。反思能力素养主要包括自我意识、批判性、探究性、意志力、自我评估几个层面。

3. 创新精神

所谓创新精神是指个体在从事创新活动过程中所表现出来的智识和品质，是一种较为稳定的、积极的心理倾向，是一种勇于对旧思想旧事物进行质疑、创造新思想新事物的精神。创新是一个民族进步的灵魂，是一个国家兴旺发达的不竭动力。在科技迅速发展、全球化日益深化的今天，创新精神扮演着越来越重要的角色。创新精神包含创新意识和创新品质两个层面。

4. 实践能力

实践能力素养是指学生运用知识、技能顺利解决实际问题时具备的生理特征和心理特征的综合。从定义可以看出，实践能力包括知识、技能以及必要的心理品质，它是不同品质的综合体。在人的一生发展过程之中，人所习得的各种知识，最终都要付诸实践。可见实践能力的培养所占的地位及其发挥的重要作用。实践能力可划分为知识型实践能力和操作型实践能力两个层面。

（三）人与社会

1. 合作参与

合作参与素养是指学生在学习、生活或社会关系中，为追求共同的目标，为了确保任务的顺利完成，以一种协调的方式一起行动而表现出来的个人态度、技能和品质的总和。现今的社会是一个合作型社会，有鉴于此，人们要养成合作参与的意识，培养合作参与的技能，以便能够在合作型社会当中得到更好的发展。合作参与素养包括合作参与意识、合作参与技能、合作参与品质三个层面。

2. 社会责任

社会责任素养是指学生自觉承担与他人（家庭）、集体、社会、自然等方面的关系中应有的职责、任务和使命的情感态度和行为表现。其核心是学生认识到自己对社会的发展，乃至人类发展所应承担的责任。作为现代人，应该有必要的社会责任担当，履行相应的义务，做一个对社会发展有意义的人。社会责任素养包括诚信友善、勇于担当、法制意识、生态意识四个层面。

3. 国际理解

国际理解素养是指理解与欣赏本国及世界各地的历史文化，并深切地体认世界为一整体的地球村、营造多元文化共存、和平安定的人类生活环境的一种世界观，其主要表现是个体对于国际动态、多元文化、人类共同命运等方面的关切和认知。在全球化快速发展的今天，人们对国际社会、环境的理解与认知是立足于当今世界非常重要的因素。

四、核心素养的价值

（一）适应社会诉求与技术发展

教育通过培养人才不断推动科技更新、社会发展，同时社会的发展与进步也会促使教育变革。因此，教育决策要符合社会需求，体现时代发展对人才培养的要求。现代社会是文化共荣、科技发达、提倡交流与合作的时代，核心素养体系中涉及的外语交流、符号运用与沟通表达、文化认同与国际化、团队合作与工作能力、科学技术素养、信息素养等素养都反映出知识经济时代的发展动态，体现出科学技术进步对人才素质的新要求。我国核心素养的提出正是在国际趋势下，充分结合时代特色，聚焦人才培养的创新模式，使得我们培养的人在创新精神、实践能力、社会责任感等方面，都能有显著的提升。

（二）关注终身学习和全面发展

全面发展与终身发展是素质教育的根本宗旨，是各国制定核心素养的基本价值取向。现代社会知识的更新速度越来越快，学生只有拥有终身学习的能力，才不会被时代抛弃。终身学习要求学习者要能够依据个人学习需求、能力与具体情况，自定学习进度、选择学习方式、并进行自我导向的学习。强调学习的终身持续性、方式的多样性和学习的自主性，核心素养体系中的信息素养、阅读能力、媒体素养和改进学习的能力、独立学习能力、主动探究、自我反思、规划都有所体现。

（三）促进自我认同和自主行动

自我认同和自主行动就是指帮助学生建立明确的自我概念以及促使他们把自身的需要和愿望转化为有目的的行动。一方面，个人首先需要建立自我认同，并赋予生命以意义，合理清晰地认识自己、悦纳自己，明确自身的优劣势，从而发挥优势、规避劣势，明确发展方向。了解自我与发展潜能、反思能力、善良诚实等个人品质素养都体现了这一层面的价值。另一方面，在确认发展方向之后能自主行动也尤为重要。在这一价值层面上，核心素养的功能性指向明显，就是帮助学生实现问题的解决，在知识的增加到了令人目不暇接、耳不暇闻、思所不及的时代，获得"鱼"不如掌握"渔"，领会学习窍门，增强实践能力，发扬创新精神，以不变应万变，主动积极地应对挑战。主动探索和研究、问题解决能力、系统思考与解决问题、规则执行与创新应变等素养充分体现这一点。

（四）重视生活品质与生存质量

核心素养立足适应现在及未来社会发展的需要，如同是高楼大厦的坚实根基，其稳固性决定了楼房的高度与坚韧度，因而核心素养的培育对人的终身发展具有至关重要的奠基与导向作用，关乎个体的生活品质和生存质量。核心素养除了满足个体立足社会、生存发展的必备能力需求之外，还涵盖学生的个人品质、文化素养和精神境界，影响着他们与社会、自然的相处和互动方式，也决定着日常生活的品位和品质，为个人追求其生活目标提供支持，真正体现着以人为本的教育思想，例如：文化意识、环境研究、个体职业发展、生活规划、管理与解决冲突等，这些指标内容都充分表现这一点。除此之外，核心素养帮助个人提升公民意识，促进个人与社会环境自主互动，拥有成就感和愉悦感，例如：核心素养体系中包含的语言交往能力、合作能力、表达能力等。因此，核心素养不仅满足个人包括学习、工作、生活在内的各个领域的重要需求，而且使个人与他人建立起亲密的关系，更好理解他人和自身所处的世界，与社会展开良性互动，从而拥有美好的生活。

第二节　教育管理概述

一、教育管理学概述

（一）相关概念

1. 管理

管理是人类社会活动的基本需要，是一定组织为有效实现组织目标所进行的各种协调活动，通常包括计划、组织、指挥、激励、协调、分配资源等。管理主要不是通过自己，而是通过别人去做某些具体的事务。管理总是朝向某个预定目标的，实现目标是一切管理工作最根本的任务。工作效率是否提高是检验管理是否有效的标志。按照管理内容的领域不同，管理可以分为很多种类，比如行政管理、经济管理、社会管理、城市管理、卫生管理、工商管理等。

2. 教育管理

教育管理是在一个国家或地区的政治、经济与文化环境的制约下，在教育管理部门领导者的价值观的支配下，采用科学的方法，对所管辖的各级各类教育组织进行预测与规划、组织与指导、监督与协调、激励与控制，使有限的教育资源得到开发和合理配置，以实现提高教育质量、增进办学效益、稳定教学秩序、改善办学条件、促进教育事业发展的目的。根据对管理的解释，教育管理定义为教育行政部门和学校为了实现教育目的和培养目标，充分调度各种资源，对教育系统所进行的计划、组织、协调、控制等系统化的活动。

3. 教育管理学

教育管理学是以教育管理现象为研究对象的一门社会科学。其中，教育管理现象是教育管理学的研究对象，社会科学是教育管理学的学科性质，谋求教育管理改进之道是教育管理学的学科使命，研究方法则是认识和理解教育管理现象并谋求其改进的基础。

教育管理学的学科使命是指教育管理研究者就本学科的研究而言所应承担的社会和历史责任。具体地，从教育管理学的学科定位出发，教育管理学科的最终使命应是谋求教育管理改进之道。按照教育管理对象的特点有广义和狭义之分。广义教育管理学是以整个国家教育系统的管理作为自己研究的对象。狭义教育管理学是以一定类型的学校组织作为自己研究的对象。

（二）教育管理的特性、内容和意义

1. 教育管理的特性

教育管理存在一个三维的结构，具体讲是指教育管理行为的产生是受教育组织（学校、其他教育机构）、个人（教职工、学生）和环境（社会子系统）三方面因素影响的。这三方面因素相互作用，呈立体结构，其合力决定着教育管理活动的整个过程，并表现出一定的特性。

（1）系统性

系统性是指教育组织、教育组织中的人和教育组织的外部环境是存在于一个统一体之中的必不可少的三个方面，这三个方面中的某一方面在特定的时期、特定的条件下，会起着主要的作用。教育管理者如果能够有机协调三者之间的关系，则将促进教育组织的发展，反之，则将阻碍教育组织的发展。如果只考虑经济发展的需要，课程设置过难，会产生脱离学生实际、课业负担过重等负面效应，导致欲速则不达的效果。相反，如果只考虑学生身心发展的特点，仅从学生的兴趣出发设置课程，则可能远离社会经济建设的实际，导致学生对社会了解的欠缺，学不能致用。

（2）互动性

互动性是指上述三个因素是互相制约的，其中任何一个或两个因素的变化都能导致另外一个或两个因素的变化；如果调整其中的一个或两个因素，也必须要考虑由此产生的对另外一个或两个因素的影响作用。所以，三者之间的平衡是动态之中的平衡。例如：教育经费的短缺将会导致教育质量的下降，进而导致人才质量的降低。

（3）开放性

开放性是指教育组织、教育组织中的人与社会环境三者自成系统，但教育组织系统和教育组织中人的系统两者互相影响，又同时分别受社会环境系统的影响，由此产生教育组织系统与社会环境系统的作用，教育组织中的人的系统与社会环境系统的作用，教育组织系统与教育组织中的人的系统的作用。例如：学校要规范学生的行为，就必须考虑社会环境对学生行为的正负效应，有针对性地进行教育，制定有关规章制度。

2. 教育管理的内容

（1）课程与教学管理

课程与教学管理是教育管理的核心事务，其他各种事务很大程度上都是为课程与教学服务的。课程与教学管理的主要内容包括以下几个方面。①教育方针确定。教育方针是人才培养的总目标，是课程设计、教材编制与教学活动开展的根本依据。②课程设计。课程设计包括课程目标设定、课程标准研制与教材编制等工作。③教学时间安排。教学时间的安排从宏观层面说，包括学年、学期、假期等内容的确定；从微观层面说，主要指学校课程表的编排，其涉及学校教学总时间的规定、各年级各学科教学时间的分配、各学科具体教学时间点的设置等。④班级编制。班级编制首先涉及教学组织形式的选择，如采用班级授课制，还是分组教学，抑或复式教学。其次还涉及具体教学组织形式之下，采用何种标准进一步编排学生。例如，是设大班（组），还是设小班（组）？是随机分班（组），还是依能力分班（组）？等等。⑤学籍编订。学籍既是动态记载学生在校状况的工具，也是学生毕业、升学、转学、休学、借读的依据。⑥备课与教学工作管理。这主要是对教师备课工作进行布置、组织与指导，对教学进度和教学方法进行设计、检查与指导等，是对教学过程的管理。⑦考试与成绩管理。这主要是为了解并记载教师的教学效果和学生的学习状况，以此发现教学、课程及相关工作有待改进之处，或决定学生是否能够升级、毕业或升学。⑧教育教学研究管理。这主要涉及教育教学研究的内容、方式、组织等问题，其目的是提高教师对于一般教育问题和具体学科教学问题的认识与能力。

（2）教育人员管理

教育人员主要包括三类：一是教育行政人员；二是学校管理者；三是教师。作为教育教学与教育管理活动的主体，教育人员管理的状况，直接决定着教育管理与教育教学活动的效果。教育人员管理的主要工作包括以下几个方面。①教育人员职业标准的制订。这包括校长、教师等人员入职资格、基本素质、能力要求、工作职责、职业使命等内容的拟定与颁布。②教育人员的培养。这主要指相关教育人员职前教育工作的管理，其涉及教师教育的规划与组织实施、教育干部培养机构的设置与管理等。我国目前教育人员的培养主要集中在教师方面，还没有建立针对性强、与教育人员任用机制紧密关联的教育行政人员和学校管理者培养制度。③教育人员的任用。教育人员任用的前提工作是确定岗位与人员编制，然后是任用方式的选择与任用程序的规定。其中，任用方式主要有派任制和聘任制两种，前者是政府委任的行政方式，后者是签订契约的法律方式；任用程序主要包括用人需求公告、报名与资格审查、考试（笔试、口试、操作考查）、确定符合条件人员、试用、确定正式录用人员并明确其具体工作等。④教育人员的考核。这主要包括四项内容：一是制定不同教育人员的考核标准；二是明确考核标准制订及具体考核工作的程序；三是选择不同教育人员考核的方式方法；四是确定考核之后的奖惩及人员辅导与问题改进措施。⑤教育人员的评薪评职。这项工作一是要明确各教育人员的工资及相关福利待遇；二是要结合业务能力与工作表现，做好教育人员的技术职务评聘与行政职务晋升工作。⑥教育人员的继续教育管理。这主要包括继续教育管理机构与实施机构的确定，继续教育参与人员、期限、内容、类型和方式的规定，以及继续教育成效的考查与评估等工作。

（3）教育财物管理

教育财物是教育教学及其管理活动开展的物质基础，缺少了财物保障，一切教育教学与管理活动都将成为无源之水、无本之木。教育财物管理的内容主要包括以下几个方面。①教育事业所需经费总量的确定。这主要是在综合教育发展需要、社会经济条件、国外教育投入情况等因素的基础上，明确特定阶段或年度各级各类教育及具体学校的教育经费总量。②教育经费的筹措。教育经费筹措工作包括教育经费筹措渠道、筹措方式，以及与此相应的各级政府和各社会主体教育经费责任承担的规定。③教育经费的分配。教育经费分配主要指总的教育经费在不同地区、各级各类教育以及不同学校之间的分配。它涉及分配的量、分配原则、拨款方式、拨付程序等问题。④教育经费的使用。教育经费的使用包括教育经费支出项目的分类，经费使用方式、程序与纪律的规定以及教育经费使用情况的审计与使用效果的评估等问题。⑤教育设施的管理。教育设施包括教育行政设施、学校教育设施和社会教育设施三个方面。对于它的管理涉及校舍、活动场地、绿化用地、宿舍、食堂、办公场所等建筑和环境的规划、招标、建设、使用、保养、修缮等工作。⑥教育设备的管理。教育设备管理主要包括教学设备、实验室设备、图书阅览设备、体育运动设备、办公室设备、卫生保健设备、后勤服务设备的采购、使用、保管、维护、报废等工作。⑦教育物品的管理。教育物品管理主要包括粉笔、纸笔、实验材料、清洁用品等教学和办公消耗物品的购置、保管、领用等工作。

3. 教育管理的意义

教育管理是社会实践活动，与社会中的其他管理活动有着共同特点。教育组织存在于社会环境中各种因素对其有不同程度的影响，办教育离不开资源，教育内部需要遵循一定的规律来展开工作，因而教育管理需要控制社会环境因素的影响，合理地利用教育资源，建立正确的教育工作秩序和合理的规章制度，从而使教育活动能有效展开。与其他领域的管理不同，教育管理具有自己的特性。教育管理以育人为目的，以提高教育质量为中心任务，是围绕教育过程中的矛盾和问题展开的各种协调活动。

因而，教育管理有着重要意义：①深化对于教育的认识，促使政府加强对教育的管理；②为了协调教育的发展，需要进行教育管理；③基于合理规划和利用教育资源的考虑，必须开展教育管理活动；④为了更好地服务于教育，迫切需要强化教育管理。

（三）教育管理学的学科性质、学科使命和研究方法

1. 教育管理学的学科性质

研究对象为学科性质所"规定和强化"并"体现学科性质"，教育管理学是研究教育管理过程及其规律的科学，教育管理学的性质可以从以下方面理解。

（1）教育管理学是一门社会学科

教育是一种社会现象，它存在于一定的社会环境之中，社会环境中各种因素对教育的存在与发展有着激励或制约的双重作用。教育管理学就是研究在什么社会积极条件下，采用什么方法能够激发教育中的激励因素，改变制约因素，此外，评价教育管理的质是以其社会效益的大小为准绳。教育管理学与相关学科之间有着广泛而密切的关联，包括与上位的属学科之间、与平行的同级学科之间以及与下位的子系学科之间的关联。

（2）教育管理学是一门交叉学科

教育管理学是把教育和管理结合起来，研究对影响教育质量和效益的诸因素如何进行组合，如何按照教育的客观规律来管理教育，对影响教育质量和效益的各个要素进行规划、组织、指导、协调和控制。教育管理学首先是教育科学的组成部分，应该归类于教育科学的门下。自19世纪末教育管理学诞生以来，它始终贯穿着一条主线，即它总是因循教育科学自身的发展道路，并凭借教育人员的经验来实施教育管理，以对教育管理经验的归纳和总结为主要研究方法，以教育家的管理思想为界标划分教育管理的发展阶段，由这几个要素合成的教育管理经验研究模式，是教育管理学研究经久不衰的模式。教育管理是对教育进行管理的专门性活动或管理教育的专业化活动。教育管理学同时也是管理科学的分支学科，从属于管理科学的范畴。

（3）教育管理学是一门人文学科

教育管理学所应用的以论证、解释为主的人文科学研究方法沿用至今，且已构成现代教育管理学研究的基本方法之一。更为重要的是，教育管理学的核心命题是关于人的研究，综观从古至今的教育管理活动，都是一个有关人的教育和管

理的问题。近代教育管理进程中的以人为本模式不仅代表了教育管理发展的某个时代和特定阶段，具有里程碑式的意义，而且也构成了现代教育管理学体系的基本内容之一。教育管理学不仅要研究作为教育管理者主体的人，而且要研究作为教育管理从属主体和对象性主体的人，要研究教育管理所特有的人的互主体性或主体间性，尤其要研究教育管理中的人性，包括基本人性（人类共有的自然和社会属性）、民族人性（一个民族或国家所特有的众趋人格体系）和特殊人性（每个人所独有的个性品质），还要研究上述三者有机结合的人性的假设、人性的满足、人性的培养、人性的激励、人性的开发等。从这个意义上说，教育管理学研究是一门关于人的个性、尊严、价值、精神、行为等的学科。

2. 教育管理学的学科使命

"谋求教育管理改进之道"是教育管理学的学科使命，展开来说，体现为两个大的方面。

（1）提升教育管理学的理论水平

教育管理学的理论水平，是其实现最终学科使命的基石。离开高质量的研究和较高的理论水平，教育管理学便难以兑现充分认识、深入理解、理性反思与合理促进教育管理实践的使命。

从强化教育管理学研究质量，提升教育管理学理论水平的角度看，当前我国的教育管理学者需要重点考虑这样几个问题：①完善学科建制；②加强学会组织建设；③加强研究队伍建设；④改进研究方法；⑤加强专业刊物建设。

（2）推动教育管理的变革和发展

教育管理学在推动教育管理变革和发展方面，需着重关注三个方面：第一，教育管理学要发挥教育管理价值引领作用；第二，教育管理学要为制度的改革提供智力支持；第三，教育管理学要为教育组织变革提供理学依据。

3. 教育管理学研究方法体系

教育管理学的研究方法是指教育管理研究者认识和探究教育管理实践与理论过程中，所持方法论及所运用的方式、技术与手段的总称。它是由研究方法论、研究方式和研究的具体方法技术三个层次构成的体系。其中，方法论处于最上层，方法技术处于最下层，方式则处于前两者之间。同时，这三个层次又是相互影响、紧密关联的。往下看，方法论影响着方式的选择，而方式的选择又很大程度上限定了方法技术的运用。往上看，方法技术的发展会引发方式的变革，而方式的变革又会推动方法论的转型。

教育管理学研究的方法论有：教育管理科学论；教育管理主观论；教育管理价值论；教育管理批判论；教育管理整合论。

教育管理学研究的方式有：思辨研究方式；实证研究方式；实地研究方式；历史研究方式。

第一，思辨研究方式，是借助人的逻辑思维和智力技能操作概念和范畴，以演绎为基本过程的研究方式。它的根本特征是操作概念，而不是操作事实。

第二，实证研究方式，是基于概念、命题和假设，围绕研究对象开展大量的调查或实验，并对搜集到的资料进行量化处理，以证实或证否命题，得出一般性观点的研究方式。

第三，实地研究方式，是指研究者较长时段地"沉入"到相对陌生的研究对象的生活环境中去，采取参与观察和非结构访谈等获取资料的方法。

第四，历史研究方式，是指以收集、整理、运用历史资料为基础，描述教育管理历史现象，分析其产生和发展的原因与意义，或借此理解现实、展望未来的研究方式。

教育管理学研究的方法技术：文献回顾的方法技术；资料搜集的方法技术；资料分析的方法技术。

第一，文献回顾包括文献检索、文献阅读和综述撰写几项工作。

第二，资料搜集的方法技术有问卷法、访谈法和观察法。

第三，资料分析的方法技术主要有定量分析和定性分析。

二、教育管理的过程

教育管理过程是指教育管理主体为更有效合理地实现管理与教育目的，而基于一定的原则与方法实施相关管理职能，更好地组织与协调教育人员与教育事务的经过与程序。

教育管理是一个工作过程。无论是教育管理活动的整体实施，还是每一项具体任务的完成，都需要建立在一定的工作过程之上。这个工作过程通常分为四个环节：计划、执行、检查与总结。计划是对完成预定工作的内容、途径、方法、进度以及人员安排的总体规划。它的主要任务包括三个方面：一是确立工作目标，为具体行动指引方向；二是布置任务，将任务及其进度落实到具体的部门和人身上；三是明确协调机制，对各部门、个人之间的资源分配、任务关联等进行规定。执行是实施计划的环节。执行环节的主要任务是按照预定计划，并结合工作过程中的具体情况，调动教育人员的工作积极性，规范与提高教育人员的工作方法和能力，通过教育资源的合理利用，最大限度地实现预定目标。检查是对照预定计划和教育工作的基本要求，衡量各项工作的完成状况及相关人员的表现。它的主要任务是了解工作进度、质量，发现工作中的偏差与问题；反思预定目标的正当性、难易度以及计划制订的合理性；考察相关教育人员的工作态度、工作能力与工作效果等。总结是依据计划的最终落实情况及其相关后果，对管理工作进行整体评估与全面分析。它既是当前教育管理过程的终结环节，某种程度上又是下一个教育管理过程的起始环节。

教育管理过程更是一个社会过程。所谓社会过程，是指人与人交往互动的过程。从"管理"的角度看，首先，教育管理过程虽涉及人、事、物之关系的处理，但在人——人关系、人——事关系、人——物关系、事——物关系中，最为重要的无疑是人——人关系。只有把人与人的关系处理好了，才可能理顺其他关系。其次，就人——人的关系而言，教育管理也不是单向的、自上而下的过程。一方面，教育管理者不能简单地依据纵向的行政权威，通过命令与控制方式推动教育管理的过程，而是要与相关教育人员进行积极的"上下"对话与互动。另一方面，教育管理过程还涉及横向的各部门、各主体之间的交往与关系。从"教育"的角度看，教育本身是关于人、通过人、为了人的活动。它主要是与人打交道，而不是与物打交道；主要是通过人对人的影响，而不是人对物或物对人的作用开展活动；最终目标是为了促进人的发展，而不是物的生产。所以，往根本处讲，教育就是教师与学生、学生与学生之间的交流和对话。相应地，教育管理也就呈现出社会互动性很强的特征。重视人与人之间的良性互动，既是教育管理工作的目标，也是教育管理工作的方式。

（一）教育管理过程的特点

教育管理过程的特点可以从两方面看：一是与一般管理过程相似的特点；二

是与一般管理过程不同的独特性。

1. 教育管理过程的一般特点

教育管理过程的一般特点有以下几个方面。①有序性。教育管理过程是基于一定程序，按照一定步骤展开的，总是先有计划，后有执行，再有检查，继而总结。②周期性。从教育发展的角度看，教育管理过程是无止境、没有终点的，但局部而言，每一个过程都有从开始到终结的完整周期。换言之，所谓教育管理过程的无止境，是教育管理过程周期的螺旋上升或逆转反复。③动态性。一方面，教育管理过程总是意味着一个环节向另一个环节、一个过程向另一个过程的转换；另一方面，教育管理过程总是要受到外部环境的影响而产生变动。④可控性。动态的教育管理过程又是可控的，教育管理者可以通过事先的预测、事中的调整、事后的补救，规划或缓冲管理过程中的变动，甚至透过变动发现一些新的机会和空间。⑤整体性。教育管理过程的效果，取决于各个环节工作的质量。计划出现了问题，再好的执行，也不可能实现目标。反之，有合理的计划，但执行不到位，目标也无法实现。进一步说，即便计划与执行工作都做得很好，但检查不科学、总结不公正，同样会影响教育管理过程效果的认识与判断。

2. 教育管理过程的独特性

教育管理过程的独特性包括以下几个方面。①教育管理过程是以人为主导的互动过程。一般企业管理过程的终端是物，其管理过程的基本模式是"人（管理者）←→人（职工）→物"；而教育管理过程的指向是人，其管理过程的基本模式是"人（管理者）←→人（教职工）→人（学生）"。教育管理过程虽然也涉及物，但主要是人，是以人为主导的互动过程而不是以物为对象的生产过程。②教育管理过程是管理过程与学生身心发展过程的统一。教育管理是为教育教学活动与学生的发展服务的，而学生的身心发展又有其自身的过程，具有顺序性、阶段性、不平衡性和差异性等特点。教育管理过程首先要以了解与遵循学生身心发展的过程为前提，在此基础上再思考管理工作过程的设计与实施。③教育管理过程是控制与自主相统一的过程。教育活动无论从教育目标的实现，还是从教学过程的实施上看，都具有一定的模糊性，没有明确的标准，也无法完全量化。这对于管理过程的控制是一个挑战。当然，这并不说教育管理过程无法控制，而是意味着教育管理过程的控制，主要应是内在式控制，而非外在式控制。它需要将控制与自主统一起来，鼓励与指导教师和学生的自主控制。

（二）教育管理过程的任务

教育管理过程从构成上讲，包括计划、执行、检查和总结四个环节；从性质上讲，是人与人之间的交往互动。要确保各环节的有序连贯与交往互动的通畅有效，教育管理者需要积极地履行相应的管理任务，即通常所说的管理职能。具体地，教育管理者在管理过程中需要承担的主要任务有领导、计划、决策、组织、沟通、激励、评价等。

"领导"是引领、指导与鼓励组织成员为实现目标而努力的过程。它也被视为是一种影响力，这种影响力基于职位、资历等权力因素和品格、能力、知识、情感等非权力因素形成。借助影响力，管理者将组织成员吸引到自己身边，取得他们的信任，使他们认同与接受组织发展的方向和目标，并心甘情愿、充满热情地为实现共同的目标积极努力。

"计划"是与决策紧密相关的任务，通常是为了将决策所确定的方向与目标进一步细化与操作化。与其他管理任务不同，计划工作最终都会具体化为一份或一套书面材料。这既是防止遗忘与疏漏，也是为了方便公告与传达；既是防止人去政息，也是为了日后考核与评价。同时，计划存在着长期计划、中期计划与近期计划，高层计划、中层计划与基层计划，整体计划与局部计划，一次性计划与常规性计划等多种类型。

"决策"就是通过方案的比较与选择，对做什么事以及怎么做事做决定。它不仅在教育及学校组织发展战略的确定方面扮演着重要的角色，而且几乎渗透在每一项教育管理工作中。换句话说，事事有决策，人人是决策者。一般而言，完整的决策过程包括识别决策问题、确定决策标准、设计备选方案、比较与选择方案、实施方案、评估决策结果等步骤。

"组织"是要围绕组织目标和具体计划，对人、财、物、事及其关系加以安排与协调。它包括两个层面的工作：一是建立、健全组织基本结构，明确组织的部门设置、层级关系、职务体系、任务分工、人员责权等；二是基于组织基本结构，通过对组织成员的能力调查、意愿了解、情感沟通、业务指导，以及资源的合理配置，促进各项工作的有效运转。

"沟通"是为了清晰、准确地表达信息，及时、有效地传送信息，以就相关问题形成一致性理解。它被看作是"组织的精髓"，具有控制组织成员行为、激发组织成员积极性、提供情绪表达与释放途径、满足工作所需信息等多种功能。教育管理中的沟通包括言语沟通与非言语沟通、正式沟通与非正式沟通、组织沟通与个体沟通等多种类型。

"激励"是要利用相关因素，通过相应方法，激发与维持组织成员的工作动机和积极性。组织成员的工作积极性具体表现为努力程度、持续时间和工作方向三个方面。而影响组织成员是否努力地、持久地、朝向组织目标工作的激励因素则包括工作的性质与任务、工作的硬环境与软环境、工资报酬与福利待遇、工作成就与荣誉、职称与职务晋升等。

"评价"是为了对活动和现象进行审慎的分析，考察相关工作的得失及原因，以及相关人员的表现，以明确进一步努力的方向和办法。评价要以客观事实为基础，以相关标准为依据，以科学方法为工具。它的目的不只是为了"往回看"，为了鉴定与考核；更是为了"往前看"，为了改进与指导。

三、教育管理学科体系的建设

教育管理学科体系是对教育管理学科的研究范围和内容的确定，它包括教育管理学科总的范围、内容体系和教育管理学科分支学科的构成及体系。

（一）教育管理体系的构建

第一，在结构上，在注意到学科分化的同时，还要注意学科的综合。综合并不是要代替分化的学科，分化也不是要把综合的学科拆散。我国教育管理学已经分化为若干学科，但作为能够融通各种分支学科的教育管理学仍然是存在的。它主要是研究教育管理的基本问题或一般问题。这些一般问题主要包括：教育管理学的学科性质、研究对象和研究任务问题；教育管理的计划与决策问题；教育管理体制问题；教育管理的组织与人事问题；教育管理的领导与激励问题；教育管理的控制问题等。同时，教育管理又分为不同的领域，有不同性质的问题，如教育行政管理问题和学校管理问题虽然有共通的方面，但二者的差别也很大，需要分别进行研究。我们把教育管理学科体系分为基础理论类、应用理论类、分层理论类、技术方法类四个方面。基础理论类学科主要是讨论教育管理的基础性和综合性问题或教育管理的共性问题；应用理论类主要是讨论教育管理的不同领域的问题或专门化的问题；分层理论类是根据教育系统的不同层级专门讨论不同层次的教育管理问题；技术方法类主要阐述教育管理的技术和方法类问题。

第二，在方法上注意把实验研究和理论研究结合起来。教育管理学是行动的科学，需要把实验研究和理论分析结合起来，也就是把教育管理的理论分析放在教育管理的实验之上，把教育管理的实验研究作为检验、修正理论的手段。这就要求教育管理学的论证是缜密的，实验是科学的，理论是可验证的，也就是要强化研究的规范性或科学性。只要是教育管理研究，就要选好问题，确定方法，研究文献，提出假设，论证假设（实验或理论），得出结论，使每一项研究有创新，从而推动教育管理学的发展。

第三，在知识上注意把普遍性与特殊性结合起来。教育管理学要寻求关于教育管理的普遍知识。人类的教育管理实践活动是有相似性和共同性的，所以教育管理学所建立的知识体系中有不少部分是普遍适用的。但这不等于说各国的教育管理理论或知识都是一样的，由于教育管理是在特定文化中展开的，所以，任何一种教育管理理论都具有本民族文化的特色。正是这种特殊性才使得教育管理理论丰富多彩。

第四，以问题为中心建立学科体系。教育管理学以教育管理问题为研究对象，在构建学科体系时就要注意问题的选择和分类、问题与问题之间的关系。按问题所涉及的管理活动范围的大小，可以把教育管理问题分为宏观问题和微观问题；按教育管理问题所涉及的范围，可以划分为教育管理的一般问题和特殊问题。作为教育管理学科群的一门基础学科的教育管理学，其体系可以根据教育管理的过程问题安排，也可以根据教育管理的要素问题来安排。从过程来安排，教育管理学主要涉及教育管理的规划、计划和决策问题，教育管理的体制、组织问题，教育管理的人事问题，教育管理的领导和激励问题，教育管理的控制问题；从要素来安排，教育管理学主要涉及教育管理中的领导问题、组织问题、人事问题、事务问题等。

教育管理学科体系建设的依据主要有以下几个方面。一是从逻辑上考虑教育管理学科体系内在的结构。作为一个学科群，教育管理学科体系必然有其内在的逻辑联系，在这一体系内的各门学科都担负着不同的理论功能。二是从教育管理的实践需要出发来研究和建设教育管理学科体系。理论来源于实践并服务于实践，所以，教育管理学科体系的建设必须考虑我国教育发展的需要，从提高我国教育管理的质量和效率出发。三是把我国的教育管理学科体系的建设置于国际化和全球化的背景下来进行。我国教育管理学研究比较薄弱，有必要与西方国家的教育管理研究者进行对话和交流，博采众家之长，根据中国的文化特点来建设我国的教育管理学科体系。

（二）教育管理的体系框架

1. 教育管理学基础

这一部分主要讨论教育管理的理论问题，具体内容因国别和文化的不同而有较大的差异。其主要内容包括教育管理学的概念、研究对象、学科性质、研究方法、学科的知识基础、教育管理学的基本范畴等问题。教育管理学的概念是对教育管理学是什么做出界定；概念的确定就需要搞清楚教育管理学的研究对象，研究对象的确定实质上就是确定研究的范围和基本内容；学科性质的研究旨在揭示教育管理学的根本特征及其与其他学科的区别和联系；明确了研究对象和学科性质之后，就需要分析教育管理学需要哪些基础知识；教育管理学的基本范畴主要是分析教育管理等基本概念；对研究方法的研究是解释和说明运用哪些研究方法更适合于教育管理学；教育管理理论发展主要从历史的角度考察教育管理理论发展的历史、现在和未来趋势。本书在本部分内容中主要讨论了教育管理学的概念、研究对象、学科性质、研究方法和学科体系等内容，同时还专门讨论了教育管理理论的发展。

2. 教育组织系统

教育组织系统主要研究教育组织的概念、教育组织的类型、教育组织的结构、教育组织的要素、教育组织的学习与发展等问题。明确教育组织的开放特征，厘清教育组织与其他组织的共性与区别；区分教育组织的类型，根据不同的教育组织类型选择不同的教育组织模式；对教育组织结构及其要素进行说明。教育组织的结构主要是指教育组织岗位和职务系统，其要素有人员、权力、制度、文化等。为了保持教育组织的生命力和不断地发展，就需要通过不断的改革和学习，强化组织的内在素质和外部反应能力。

3. 教育管理过程

教育管理过程实质上就是研究教育管理的基本职能。根据管理学的研究和教育管理学的研究，人们普遍认为教育管理是决策、领导、激励、沟通、控制等环节构成的统一的过程。教育决策是教育管理的起始环节，是教育管理的目的性的体现。广义的教育决策包括教育法律、教育政策、教育计划、教育策略、教育决定等，狭义的教育决策主要是指具体的教育组织及其管理人员按照决策的科学程序所做出的决定。因为法律和政策不是某一组织或个人所能够制定的，所以法律、政策属于在教育管理环境中研究的问题，教育管理过程的决策属于狭义的决策。做出了决策，就需要通过领导推动实施这些决策，需要领导者运用职权、影响力来激励下属为实现组织的目标而奋斗。激励作为一种管理策略是管理过程必不可少的，组织建立后，招聘了人员，但如果不能有效地激励，这些人可能会离开。因此，激励是保证人员继续留在组织中并努力工作的根本措施。沟通是组织成员相互合作的前提，为了使组织及其成员处于和谐状态，需要通过公开化等一系列策略使组织成员彼此沟通和了解。为了使组织及其成员实现决策的目标，就需要对组织及其成员的行为进行控制，所以控制是教育管理的最后一个重要环节，同时为新一轮管理过程奠定了基础。

第二章　学校教育管理理念与多元探索

第一节　"以人为本"的教育理念

一、"以人为本"教育理念的依据

(一)"以人为本"教育理念的提出概述

1. "以人为本"教育理念的提出

"以人为本"的思想可谓是源远流长。在中国，早在春秋时期就对此有了明确的记载。"以人为本"思想较早运用在企业的经营中，作为企业的经营理念存在，运用于企业的管理之中，其目的是要把人看作主体和目的，要尊重人、依靠人、为了人和解放人。

在我国，"以人为本"理念的形成一方面源于西方人本管理理论的引入，另一方面源于传统的"民本"思想的传承，但更主要的是因为人们思想被解放了，对人的主体作用、社会价值和思维方式的认识开始理性回归。"以人为本"从经济到科技、教育，直至成为我们党新的执政理念，成为我们各项工作的指导思想。"以人为本"作为科学发展观的核心，它包括三个层次的内涵：首先，它是一种对人在社会历史发展中的作用和主体地位的肯定；其次，就当前中国来讲，它是一种立足于解放人、为了人并实现人的现代化的价值取向；最后，它是一种思维方式，它要求我们在分析、思考和解决一切问题时，要确立起人性化的尺度，实行人性化服务。

"以人为本"的教育观提出后，在教育界引起强烈反响，尽管在教育界对"以人为本"的理论支点、核心内容、关注重点、途径和方法等方面还争论不休，仁者见仁、智者见智，但就"以人为本"的教育原则来说，它要求教育必须增强学生的主体意识，提升学生的主体地位，从而要求改革传统的教育模式，这已经达成了广泛共识。有学者在论述"以人为本"教育理念的内涵时指出，"以人为本"是现代教育哲学观，是现代教育价值观的核心，是要求正确认识人的价值，是现代学校实施素质教育的重大抉择。也有学者认为，树立"以人为本"教育理念的根本目的，在于推进学生的全面发展，而德才兼备是全面发展的标准，道德价值是全面发展的内涵，非智力因素是全面发展的主导，人文教育是全面发展的底蕴，个性发展是全面发展的核心，国际人才的高素质是个性全面发展的借鉴。

"以人为本"是现代教育的价值理想和思维原则，是对人性的不断唤醒和尊重。真正的教育是以人为本的教育，让人去体验美好、体验快乐、体验成功，培养积极的人生态度、鲜明的价值判断。"以人为本"教育理念包括三条。

第一条，以人为中心，突出人的发展。人是教育的中心，也是教育的目的；人是教育的出发点，也是教育的归宿。人是教育的基础，也是教育的根本：人最想达到的目标，就是自觉不自觉变回他自己。人生就是发现自己潜能的过程，变成真实自我的过程。人如果最终变回他自己，一定会感觉到生命的价值和生活的乐趣。

第二条，把教育和人的自由、幸福与价值相结合，使教育成为人的教育，而不是机器的教育。教育要使学生成为教育的主体，尊重学生的个性，尊重学生的人格，尊重学生的基本权利和责任，让每一位学生的个性都得到充分的发展，让每一位学生同在蓝天下健康成长，把学生培养成为有血有肉有尊严的人。我们要构建学生服务体系，因为现代社会一个重要的理念就是服务。第一，服务得越多越好越及时，说明越有价值。这里提出的服务体系是以学生成长成才为中心，整合学校的资源。它包括四个方面：帮助学生成才，解决学生困难，方便学生办事，维护学生权益。通过我们的教育，真正让学生思想上解惑，文化上解渴，心理上解压，能力上解弱。第二，要用"以人为本"的理念来建设教师队伍。实际上，尊重人、理解人、发展人、提高人、温暖人、体贴人也是提高教师队伍水平的题中应有之义。第三条，体现人文关怀和道德情感。这是一种感召力量和博大的精神力量。主要作用在于让人去感受生命的价值，感受生命的过程。只有感受才能感动，只有感动才能行动。在感动中升华人格，升华人生。教育是做人的工作的，人是理性的也是有感情的，感情支配思考的方向，理性决定思考的结果。只有以情感人，才能以理服人。无论现在教育手段有多么地先进，都不能否定面对面教育的这种方式；无论媒介多么发达，都不能否定人与人之间的交流融合；无论现在的制度多么完善，都不能忽视人文关怀和道德情感，要关心关爱学生，爱是教育的灵魂，情是教育的生命，没有爱的教育是死亡的教育，不懂得培养情的教育是失败的教育。

2. "以人为本" 教育理念的必要性

学校思想政治教育是解决学生的思想、立场、观点的问题，建构在"人"的基础上的一种社会实践活动，主体是人，客体是人，出发点和归宿点也是人。学校思想政治教育只有从人出发，以人为本，才能找到准确位置，增强教育效果，实现应有价值。因此，坚持以人为本教育理念，对于切实做好学校思想政治教育具有非常重要的意义。

（1）遵循学生思想品德形成规律的需要

人的思想品德是一种社会意识形态，是人们在一定思想理论体系指导下，按社会形成的言行规范行动时，在个人的行为、作风上所表现的思想、认识、品性等的本质，它由知、情、意、行几种要素构成；人的思想品德是在客观外界条件的影响与主观内部因素相互作用的积极活动中，主体接受外界的各种刺激影响，通过主体自身的作用，逐渐形成和发展的，主体一方面将社会所要求的价值观念、政治观点、道德规范内化为自己的品德意识；另一方面将品德意识外化为相应的行为和习惯，形成知、情、意、行的平衡发展和良性循环。在思想政治教育过程中，学生并不是消极被动地接受外部影响，而是作为能动体在与外部环境因素相互作用中接受外界影响的。外部因素虽然对学生个体思想品德的形成和发展产生着重要的影响，但是任何外部影响都必须通过人的内因起作用。思想政治教育作为外部影响因素，只有与学生的需要、动机、情感等因素发生作用时，学生才会参与到教育过程中来，自觉和主动地接受外界的各种刺激影响。同样，在学生思想品德的形成的外化过程中，也必须调动他们的情感，激发他们的意志，才能顺利完成知、情、意、行的转化，最终形成稳定的行为习惯。因此，在思想政治教育活动中，必须充分考虑学生在其自身思想品德形成过程中的主体作用，关注他们对思想品德发展的需要，激发他们接受教育的动机，真正做到以人为本，才能增强他们在知行转化中的自觉性和能动性，将社会的要求和科学理论内化为自己的思想，然后再外化为自身的行动，更好地促进自身修养，从而达到思想政治教育的最佳效果。

（2）符合时代发展的需要

现代社会科学技术突飞猛进，经济全球化趋势日趋明显，国际竞争愈演愈烈。当今的国际经济和科技竞争，越来越围绕人才和知识竞争展开，这种竞争，说到底就是人才素质的竞争。谁在知识和科技上占优势，谁就在发展上占主导地位。同时，随着我国社会主义市场经济体制的日臻完善，经济社会发展不断完善，社会分工越来越细，职业竞争、职务竞争、岗位竞争等都比以往任何年代表现得更为激烈。新形势和新时代的发展，对人才素质的标准提出了越来越高的要求。发展问题不仅是摆在国家和社会面前的头等大事，更是每一个社会个体都必须首先要考虑的关键问题。学生如果没有良好的素质结构，将同样无法适应社会进步和时代发展对人才的客观需要。因此，思想政治教育必须着眼于学生素质的培养，牢固树立以学生的发展为中心的理念，以提高学生的思想政治素质为核心和手段，为其他素质的培养提供导向和动力，不断促进学生素质的和谐健全发展，真正把学生培养成为适应社会进步和时代发展的合格人才。

只有这样，思想政治教育才能不负现代社会赋予的神圣使命。

（3）增强学校思想政治教育实效的需要

以人为本，更多的是体现个体的地位和价值，要求个人得到尊重、重视，个人的需求得到满足，个人的价值得以实现，特别是在当前青年学生个性化趋势越来越明显的情况下，人本思想更能引起教育者对学生个体的重视和关注，促使教育者加强对他们的了解和研究，使教育者的工作在教育的过程中更具有针对性，能够更加充分挖掘学生的潜力，极大地调动学生接受教育影响的积极性、自觉性和能动性，通过其积极思考和客观分析，把外在的思想政治要求真正内化为自身内在的思想道德素质，逐渐提高自身的思想道德境界，促进各方面素质的全面和谐发展，从而促使学生思想政治教育的实效性得到切实提高。

（二）"以人为本"教育理念的理论基础

卡尔·罗杰斯（Carl ransom rogers）是当代美国著名的人本主义心理学家和

教育改革家，首创非指导性治疗（案主中心治疗），强调人具备自我调整以恢复心理健康的能力，引起了当代国际教育界的关注。并且，他认为真正有意义的心理学应该研究人的基本思想和情感，尤其是他特别重视情感因素，对教师与学生角色扮演的重新定位，惨淡经营的人际关系学说，更让人醒目。首先，他对人性持乐观、肯定的态度，批判行为主义以及心理分析理论对人性做出的机械、悲观的解释，认为每个人都本能地具有朝着有利于个体潜力充分发挥的方向发展的内在动力或趋向。因此，人性是积极的。其次，罗杰斯的人本主义心理学强调人的自主性，虽然人本主义心理学家承认社会以及无意识力量对人行为的影响，但他们强调，人的行为是有目的、有意识的，个人的价值与目的是决定人行为的重要力量。最后，罗杰斯的人本主义自始至终把人的尊严和自由放在核心位置上，认为生活的目的就是用你的人生去实现你所信仰的事情，无论是自我发展还是别的价值。因此促进人的"自我实现"是人本主义心理学最根本的目的。

罗杰斯认为传统教育的主要特征是"指导性"，他提倡的"非指导性"则注重学生的情感、个性发展，这与我国教育理论界倡导的"主导——主体"教学思想颇有相似之处。"非指导性"具有以下四个特征：第一，极大地依赖于个体成长、健康与适应的内驱力，因此要竭力搬掉各种有碍于个体或学生发展和成长的障碍；第二，更加强调情感因素，强调情境的情感方面而非理智方面，因此，要尽可能直接"进入"学生的情感世界，而不是借助理性的方法去干预或重组学生的情感；第三，更强调学生此时此刻的情形，而不是他们的过去；第四，更加强调本身就能促进学生经验生长的人际接触和人际关系。因此，这大大提升了人的主体地位，强调对立人格的真正确立。这就要求我们在教育中既要注重发挥教育者的主导作用，又要注重发挥教育对象的能动作用，将教育与自我教育有机地统一起来。

（三）和谐沟通理论

和谐沟通理论是著名临床心理学家高尔顿（T. Gordon）于 20 世纪 70 年代提出的教师训练理论在课堂管理中的应用。观点是：真正有效的管理来源于学生个人发自内心的自制。在课堂管理中，教师应该保持一种接纳、支持的态度，与学生和谐沟通，就能由外向内地培养学生的自制行为和责任感，就能通过学生自己去寻求答案和问题解决。教师应更多地通过其人格的力量来影响学生，最忌讳运用其权力去压制或处罚学生、强迫学生顺从。高尔顿指出从社会观点看，要扬弃动辄使用权力权威的方式，而需找出并教育人们运用其他更有效的方式，以培植人的勇气、自主和自律。如果想以权威控制为手段，使人遵命屈从，而完全不顾他人的是非观念，就必然会引起反抗，而权力使用越多，实际的影学校教育管理与教学艺术性就会越少。同时如果学生的生活长期受到处罚的威胁，就很难有机会学习承担其行为的责任。因此，教师应该建立起专家的权威、职位的权威和合约的权威，而不是权力的权威，这样才能营造种支持性而非批判性的教育教学情境，才能激发学生表达面临的问题及其内心感受，也才能使双方能够实现有效沟通以促进学生自制、自强、合作与负责等良好习性，根据此观点建立了相应的解决问题模式。

（四）因材施教理论

因材施教作为"以人为本"教育观的另一个理论基础，它是指针对学生的个体情况进行教育教学。我国古代教育家提倡了解学生的个性，并能针对个性不同的学生进行不同的教育。从理论研究与实践检验等不同的角度使我们清楚地认识到，个体间差异的存在是客观事实。同时个体内部不同智能之间也存在差异，一些人在某一方面具有天赋，另一些人则有其他方面的天资。

依据因材施教的理论，要求教学者和管理者"正视差异，善待差异"，深入了解"难管"或有困难的学生，研究他们，熟悉他们的特点和性格，有的放矢地实施个性化教育和管理，使整个课堂在自己的掌控之中，实现所有人都能得到适合自己充分发展的教育理念，也能使每个学生能真正地有效参与到课堂教学中，使其全面发展。管理者要照顾到每个学生的个性，对课堂行为有问题的学生，采取不同的管理方式，这就需要管理者做好充分的备课，制定好教学计划，安排好每个教学环节，充分利用课堂资源，为整个教学提供一个良好、有效的课堂教学环境。

二、"以人为本"教育理念的内涵

（一）"以人为本"教育理念的时代内涵

"以人为本"就是要从人的本位出发，一切制度安排和政策措施要体现人性、要考虑人情、要尊重人权，不能超越人的发展阶段，不能忽视人的需要。正如有学者概括出的人本管理核心精神那样：点亮人性的光辉，回归生命的价值，共创繁荣和幸福。"以人为本"是对自由、平等、法治等理想社会的价值诉求，是社会文明进步的基本目标。尽管目前我们仍然无法绝对有效地使全社会共享社会所赋予的人类权益，但强调"以人为本"则是实现和谐社会的根本途径。它也是对社会普遍的每一个体的关怀和尊重，整个社会成员中的弱势群体、少数人的利益以及个性化的要求都会受到充分的关注。因此，"以人为本"是在不损害群体利益的前提下，使得人的个性得到充分展现。

学校人本管理是人本原理在学校管理中的运用，就是以关心人、尊重人、激励人、解放人、发展人为根本指导思想来进行的学校管理，就是一种把人作为管理的主体，充分利用和开发学校的人力资源，服务于学校组织内外的利益相关者，从而为实现学校目标和学校成员个人目标而进行的学校管理。学校人本管理的含义主要包括以下两点。

第一，所谓"以人为本"，就是以学生和教师的成长、发展为本，这是教育的根本。在学校管理系统中，人既是管理的主体，又是管理的对象，还是管理的产品，因此，人的因素在学校管理中占有重要地位。"以人为本"，首先就是要尊重师生的意愿，尊重他们成长和发展的规律，按教育教学规律办事。学校人力资源的显著特点是知识性、智力性、教育性，它要求学校管理不仅要尊重人、激活人、调动人的积极性和创造力，更要塑造人、发展人；不仅停留在表面意义上的尊重，实行简单的人文关怀，而是统领学校精神，引导价值追求，在深层意义上即观念层面上，对管理对象中的人施以潜在的、无形的、隐性的再造就；对人施以理性关注、价值观引导和精神锻造；用学校目标影响教师价值选择、转变生存观念、提升人文境界、培育现代教养，进而达到学校目标与个体价值追求的理性整合，使组织和个体进入自为状态，实现组织的持续发展和个人的自由全面发展。

第二，"以人为本"绝不只是办学特色，而是办学的根本指导思想。以人为本，应当统领并渗透到各种不同类型的管理中去，否则，具体的管理模式就可能发生异化。例如，科学管理如果不以人为本，就可能异化为科学主义指导下的机械式管理，这将大大挫伤人的积极性；法制管理如果不以人为本，就会发生异化，限制人的能动性，甚至转化为专制。所以，以人为本是管理的根本指导思想。学校人本管理思想应该贯穿于学校管理的各个环节、各个行为之中。如教育目标的制定、学校环境的建设、教学任务的分配、管理决策的制定与执行、教学内容的选择、教育过程的实施、教学方法的选择以及教学评价等都要体现出对人的尊重、理解、信任，并能有效地为促进人的发展服务。

与传统学校模式相比，人本特色学校模式更加重视人的尊严，遵循人性形成的规律。更重要的是，人本主义学校模式把教师主体性与学生主体性发展有机地在教育过程中统一起来，为学校持续健康发展开拓了广阔的前景。

（二）"以人为本"教育理念选择的历史必然性

首先，"本"有终极追求之意，就这一点来说，"以人为本"与人的全面发展的理想目标相吻合。当代世界经济、政治、科技发展的事实证明，人是一切发展的关键，世界各国之间的竞争归根到底是人才的竞争。没有现代化素质的人，就不可能有真正的现代化；严酷的事实迫使各国不得不实施人才发展战略。

"以人为本"教育理念，把人的全面发展的问题真正提到议事日程上来。贯彻"以人为本"是个巨大的实践工程，当前我国正把主要精力集中在解决民生问题上，这个问题解决好了，就为人的德智体美的全面发展奠定了坚实的基础。随着"以人为本"教育理念的深入实践和具体落实，我国人民的全面素质必将大大提高，我国的社会发展也必将出现新的腾飞局面。

其次，在科学技术高速发展的今天，人们将更加关注人的自由、人的情感、存在和价值，尊重、理解、沟通、信任等人文精神再次成为时代的呼唤。作为培养人的主体，教育应该承担起人本教育与管理的理念。杜威（John Dewey）指出：教育并不是一件告知和被告知的事情，而是一个主动性和建设性的过程，这个原理几乎在理论上无人不承认，而在实践中又无人不违反。可见，抛弃学生的主体性原则，学生就不能真正地深入理解和运用知识。因而，要注重学生的主体性，把上课看作是与人的交往，而不单纯是劳作；是艺术创造，而不仅仅是教授。只有坚持从学生的发展需要出发，立足学生实际情况，充分发挥学生的主体作用，通过转变观念，合理组织教学过程，进行师生关系、教学内容、教学方法等方面的改革与创新，才能实现"以人为本"的教学。

（三）"以人为本"教育理念下的课堂教学管理

课堂教学管理不仅要强调人是管理活动的主体，是管理的核心和动力，发挥组织成员的积极性和参与精神、突出人在管理中的中心地位，更要实现在实施管理的过程中完成被管理者自我成长和自我教育的管理目标。这是课堂教学管理"既教又管"这一特征的直接显现。而以提高工作效率为目标的机关事业管理或以增加生产效益为目标的企业管理，尽管都把对人的关注作为管理的核心问题，但管理中的人仍然只是管理的手段而不是目的，是作为"经济人"而进行的管理。与此不同的是，学校教学课堂中的管理育人、服务育人是把管理的目标定位在育人上。因此教育管理的理念应该是充分人性化的，应依托于"以人为本"这个根本的出发点。

在"以人为本"教育理念的课堂教学管理中，管理就是服务，是"以人为本""以学生为本"思想的自然延伸，树立以"服务为本"的管理理念，真正把学生的需要作为管理的目标，改变传统管理中威胁、监督、命令、禁止、惩罚等暴力式的管理理念以及管理和被管理者之间命令与服从、支配与被支配的主从关系，以避免像传统管理中那样管理者把从管理体制中获得的管理权限直接转化为管理者的权力。在课堂教学管理中，打破传统师查尊严对管理的影响，管理者应善于倾听被管理者的心声，树立耐心和设身处地的为人服务的人本理念"俯首甘为孺子牛"般的工作态度和精神意识，既不是源于亲缘的责任，也不是境界的超越，而应成为当代课堂教学管理的基本原则。教育因为受教育者而存在，管理同样因为人的全面发展而获得意义。

三、"以人为本"教育理念的特征

（一）"以人为本"教育理念的具体表征

1. 教育观念的人本化

"以人为本"教育理念强调把学生看作目的而非手段，认为学生是教育的中心，也是教育的目的；学生是教育的出发点，也是教育的归宿；学生是教育的基础，也是教育的根本。

中国要繁荣富强，要屹立于世界民族之林，必须要有一代又一代的时代新人，因此，以人为本的思想政治教育应该高度重视学生的健康和全面发展，把学生看作所有工作的出发点和归宿，重视学生的意见和要求，改变单向灌输和高标准要求学生的思维习惯，对思想政治教育内容进行有效选择，对方法和措施进行及时调整，力争做到学校思想政治教育生动活泼。

2. 教育教学的个性化

"以人为本"教育理念要求教师要把学生看作具体的人而非抽象的人，看成有潜力的成长中的人，而不是一个分数或一次行为表现。在近年的思想政治教育改革中，广大思想政治教育工作者开始关注学生的发展，这是一个好现象。实施以人为本的思想政治教育不仅要把学生看作目的，而且要把学生看作具体的人，做到具体问题具体分析，具体的人具体分析，不要把学生统一看待，做完全同一的较高的目标要求。把人看作抽象的人还是具体的人，是专制主义与民主主义的根本区别之所在，也是传统思想政治教育与现代思想政治教育的分水岭。坚持以人为本的思想政治教育就要求改变这种思维，把每一个学生看作独一无二的世界，看作有独特个性的对象，在思想政治教育工作中体现一定的层次性，执行标准有一定的弹性，对学生的思想发展做区别对待，在尊重学生个性发展的基础上，做到因材施教，增强思想政治教育的可接受性，做到长期目标与短期目标、社会发展要求与学生个体实际的有机结合。

3. 教育过程的主体化

"以人为本"教育理念凸显了学生是教育主体的地位，把学生看作能动的人而非被动的人。促成人的自我实现是以人为本教育理念的根本目的，而发挥人的积极性和能动性是自我实现的重要条件。因此，以人为本教育理念要求在思想政治教育中必须把人看成是能动的人而不是抽象的人。在现代思想政治教育改革过程中，越来越多的人赞同这样的观点，即在教育中，教育者与受教育者的主客体关系是相对存在的。一方面，教育者对受教育者实施教育，教育者是主体，受教育者是客体；另一方面，受教育者接受教育的状况和受教育者自身的素质以及能力水平也会影响教育者，从这个意义上说，受教育者又成了教育者。教育的这种双向互动关系要求把学生当作能动的人而不是被动的人，这也是以人为本教育理念的根本要求。从思想政治教育工作来看，这就要求我们要认识到每一个学生都有自己的意识和思想，都具有主观能动性，有自己独特的接受和反应方式，从而充分调动学生的积极性和参与性，发挥他们的潜力。任何有效的教育都是通过学生自己的学习和接受来实现的，而不是通过教师的单纯灌输所能奏效的，思想政治教育也不例外。没有学生的主观能动性的发挥，就不可能有真正的理解和接受，就不可能有思想和道德上的实践，这样的思想政治教育是无效的。因此，以人为本的思想政治教育的任务，既要向学生讲解思想政治和道德品质方面的知识，还要启发和调动学生的积极性和参与性，发挥他们的能动性，引导学生正确认识自我，正确进行自我评价、自我管理和自我教育，引导他们在理解的基础之上进行自我思想和道德上的实践。

4. 教育管理的人性化

以人为本要求提倡人性化管理。首先，管理的目的不是为了惩治，而是服务于育人理念和成才目的。要倡导管理过程中教育在先和管理与教育并重，反对没有教育的管理和教育不到位的管理。要通过先于管理、同步于管理的教育，对学生进行全面发展的引导，帮助学生树立长远发展观念，预防学生的短期行为与片面发展，从而达到更好的管理效果。其次，以人为本的人性化管理，要求尊重学生的主体地位，提倡平等讨论，允许不同意见的交流。提倡在管理中刚性与弹性相结合，克服管理中的冷漠与机械，应将现有的"约束制度"甚至"强制制度"软化，尽可能考虑到学生的人性化需求，让学生切实感觉到有"人情味"，以情感人，把无情的规章制度管理与有情的人性化管理很好地结合起来，体现对学生的尊重、理解、关怀与信任，培养学生的自尊、自信与自爱。再次，以人为本的人性化管理绝不是不要法治，相反却需要法治的保障。一方面，明确学生在学校里享有的权利以及在充分享有权利的同时应该履行的义务；另一方面，对学生的合法权益要予以维护，如针对学生的决定，除了要做到程序正当、定性准确、处分恰当外，还要有明确的程序和渠查，保障学生对学校的处理享有陈述、申辩和申诉的合法权利。同时，以人为本的管理工作，在方法上应该重视培养和习得，以受教育者的行为养成为中心，求得过程和效果的统一。管理工作要有利于规范学生之间、学生与社会之间的各种行为，通过制度化、规范化的管理，提供文明修养、激励机制以及价值信念等一整套观念，为学生长远发展提供有效指导，使学生在规范的指导和制约下理性选择自己的行为，并意识到自己选择的科学性、主动性和合理性，愿意为之负责。在此基础上，要提高学生对规范和纪律的持续学习和适应能力，培养学生学习规则、适应管理的再生产能力，适应将来不同条件、不同职业领域和不同规范的要求，使他们不仅达到对既定标准、规范和纪律的实践和遵守，而且具备自身的调试能力和适应新规范、新制度的能力。

（二）学校人本管理特征

学校人本管理最显著的特征就是以"人"为中心，人的作用乃是管理的根本。这是将人与其他管理要素，如财物、时空、信息等的管理作用相比较得出的重要结论。以人为本所说的"人"是多元的，既包括管理者，也包括被管理者，还包括管理的人文环境。就学校管理而言，以人为本涉及的人有学校领导、教职工、学生，还有家长、社区群众等，这些人对学校管理的质量都有重要的影响。

以人为本注重促进管理中人的发展，认为这既是管理的手段，也是管理的目的。人的能动性和才干，是管理目标实现的重要保障，这是称其为手段的原因。现代以人为本的管理还认为通过管理实践，也应使人自身得到发展，并指出这是管理的重要目的之一。

以人为中心是相对于以事为中心提出的。学校管理的对象是人和物两大类，管理工作中无时不遇到人和物的关系，以"事"为中心的管理着重于工作的成就，以增加生产，提高效率为重心，所建立的监控制度及所设计的方法，皆是在管束员工去努力工作，谋求较高的工作效率，他们以为只要有合理的制度、科学的方法、一定的标准化的工作程序交由员工去运用、去遵行就可以了。以人为中心的管理则侧重于关心员工的生活需要及其心理反应；主管与员工之间建立起彼此友谊及感情管理，互相支持。主管尊重员工的人格，予以信任，使其能独立自主地自觉、自愿地努力工作；对员工施以激励，使其内在的潜能得到最高的发挥；培养员工的快乐情绪及热诚的工作意愿，使其能积极主动地工作；使员工理解组织的目标、政策及业务等，并给予参与的权利与机会、增强其责任心、荣誉感及对组织的认同与依附；对员工因材施用，量能授职，使能用其所学，展其所长，为他们创造自我发展与自我实现的条件和机会。

以人为本，在处理人和物的关系时必须坚持先人后物的原则，不能先物后人，更不能见物不见人。如对学校资源的管理，图书馆、实验室、计算机教室等学校教育资源及设备的管理，是只把东西看管好的"看摊式"管理，还是利用其资源及设备充分为师生服务，看摊就是见物不见人，为师生服务就是以人为本。校园环境建设是有利于师生的生活、学习和健康，还是不利于师生的生活、学习和健康？前者就是目中有人，后者就是目中无人。教学中如何处理教材、教学内容与学生的关系，也同样有个是否目中有人，是否以人为本的问题。如何看待学生与分数的关系，也是一种处理人和物的关系问题。不能否认，在学校的教学中，还存在着不同程度的不顾学生身心健康发展，违反教育规律，一味追求高分数的行为。这是一种严重的见物不见人的行为，这种行为往往表露出学校和教师的一种功利思想。概括起来，学校人本管理具有以下特征：人在学校中的地位得以提升，充分开发人力资源成为学校发展的根本，学校管理的服务对象是所有利益相关者，学校管理成功的标志是学校目标与教职工个人目标都能得以实现，学校管理的最终目的是解放人、发展人。这些特征不同于传统的学校管理模式，主要表现在：一是人本管理思想改变了过去对学校中的个人价值的判断，将人在其中的地位加以提升；二是使传统的学校人事管理向人力资源开发转变；三是改变了学校管理的服务对象的观念，学校的服务对象应包括学校的全体教职工和学生、家长，还包括学校外部的所有利益相关者；四是将学校目标和教职工个人目标有效地结合，充分地发挥教职工的主动性、积极性和创造性；五是人本管理体现了解放人、发展人的学校教育理念，由此以人为本成为现代学校管理的根本指导思想。

第二节　学校教育管理的人格与精神探索

一、学校教育管理的人格探索

（一）校长的价值领导力概述

1. 力

物理学名词。凡能使物体获得加速度或者发生形变的作用都称为力。

2. 校长领导力

校长领导力就是通过校长的带领、引导，使学校发生变化的速度和程度。换句话说，就是校长积极地充分地带领全体师生，按照学校改革与发展的目标，在学校教育教学的各项工作中取得有效作用。提高校长的领导力就是要研究校长如何通过自身的作用，使学校又好又快地变化发展。

3. 价值与价值领导力

从哲学的角度来看，价值是指客体（事物或人）满足主体（个人主体或集体主体）需要的关系。从这个意义上看，价值既反映了客体的客观属性，也反映了主体的主观需要、偏好与理想；既具有客观性，也具有主观性。简而言之，价值表示了主体基于自身的需要、偏好与理想，对客体某种特性的肯定、接纳或欣赏。但是，人的理想（指向未来的需要）就更不相同。这样看来，在价值客体确定的情况下，人们由于主观需要、偏好与理想不同，所以对于价值客体的价值评价或价值感也会有所不同。这就使得主客体之间的价值关系比认识关系要复杂得多，并很容易导致社会生活中人们彼此之间产生价值分歧甚至价值冲突。

人的行为总是受行为主体价值观支配的。因此，当人们之间产生价值分歧或冲突时，就会直接影响人与人之间的团结和协作。如果这种分歧或冲突是一个组织范围内的事情，那么就会影响到组织成员之间的团结和协作；如果这种价值分歧或冲突是整个社会范围内的事情，那么就会影响整个社会的团结和协作。因此，如何整合这种可能的价值分歧，化解或隐或显的价值冲突，培育社会或组织成员间的价值共识，促使人们认同领导者——政治家或学校校长——所提倡的价值观，并据此开展协调一致的行动，就成为领导者在实施领导行为过程中所面临的基本问题。这一基本问题的解决，不可能通过经济的手段来进行，也不可能通过行政的手段来进行，只能通过价值的手段来进行。

4. 校长的价值领导力

从某种意义上说，一个校长的领导力大小，决定了所在学校整体教育发展水平的高低。所谓校长的价值领导力是指：校长统率、带领团队，并与团队交互作用从而实现学校发展目标的能力。

从本质上讲，校长领导力是一种影响力。从影响力的来源来看，在知识经济时代背景下，就是一所学校的领导者在教师心目中能否获得真正的权威和影响力，在同行和社会上有没有地位，有没有发言权。价值观引领，重在提高师生的精神境界：价值追求的缺失，实际是灵魂的缺失。一个人当对事业的追求达到一心一意时，思想将不再流浪，精神将不再漂泊，行动将不再迟疑。

实践证明，校长领导力不是指校长某一方面的能力，而是包含校长办学思想、育人目标、学识、人格、情感、意志等的综合素质，是驾驭、引领、发展学校的综合能力。校长领导力直接关系到学校的生存、发展与成功。

无数成功校长表明，校长应该具备思想力、学习力、规划力、用人力、决策力、执行力、经营力、协调力、权变力和创新力等十大领导力。

思想力——思想力是思想对客观世界的作用力，是经过历练、顿悟和升华后获得的一种思维活动能力。

学习力——学习力是自我学习提升的能力，包括学习动力、学习态度、学习方法、学习效率、创新思维和创造能力等构成的综合体。

规划力——规划力是指人们对未来整体性、长期性、基本性问题的思考、考量和设计的能力。

用人力——用人力是指领导者对人才的见识、招揽、培养和使用的能力。

决策力——决策力是指领导者对某件事拿主意、做决断、定方向的综合性能力。在学校管理中，决策是校长工作的重心，决策能力是校长的最基本能力。

执行力——执行力是指贯彻战略意图，完成预定目标任务的操作能力。对于一校之长而言，执行力是将学校发展规划、发展战略一步步落到实处的能力，是把计划变成现实操作的能力，也就是将人员、策略、工作运作执行流程顺畅地统筹起来的系统能力。

经营力——经营力是指为了实现某些特定的目的，运用经营权使某些物质发生运动从而获得某种结果的能力。

协调力——协调力是指正确处理组织内外各种关系，为组织正常运转创造良好的条件和环境，促进组织目标实现的能力。

权变力——权变就是随机应变，权变力就是随机应变的能力。

创新力——创新力又称创新能力，是人们革旧布新和创造新事物的能力。

当然，作为一种领导智慧和领导者的综合素质，校长领导力不是自然生成的，也不是一蹴而就的，它需要校长在学校管理中自觉修炼、不断反思、积极践行。

5. 办学成就体现校长的价值领导力

校长特有的办学理念、思维方式、行为方式往往是学校发展的重要因素。同样，学校的形成和发展也见证了校长的领导力，反映了校长对教育的理解，是校长根据学校发展规律，综合社会各方面对教育的要求，开发、整合、利用有形和无形资源的结果，是校长办学经验的辛勤积累和智慧的结晶。

（二）教师的价值引导力

1. 价值观

关于"价值观"这一概念，学术界有狭义和广义两种不同说法。狭义的"价值观"即"价值观念"的简称，现实生活中人们所说的"价值观"，就是指价值观念。

广义的"价值观"，相当于哲学基础理论中的"价值论"，是指与自然观、历史观等相类似的、以价值为特定对象的理论学说系统。人们一般是在狭义上使用"价值观"这一概念的。只是在非常特殊的情况下，在讨论某些基础性理论问题，如价值观和历史观的关系问题时，才在广义上使用"价值观"一词。

所谓价值观念，包括人们的社会信念、人生信仰、政治理想、道德追求、生活原则等在内，是人们的价值信念、价值标准和价值理想的综合体系，是人们利益、需要、心理和行为的内心定向系统。个人的价值观是人生观的核心，群体的价值观则构成其思想文化和社会意识形态的主导成分。

具体地说，价值观念是人们心目中关于某类事物的价值的基本看法、总的观念，是人们对该类事物的价值取舍模式和指导主体行为的价值追求模式。价值观念的内容，一方面表现为价值取向、价值追求，凝结为一定的价值目标；另一方面表现为价值尺度、评价标准，成为主体判断客体有无价值及价值大小的观念模式和框架，是主体进行价值判断、价值选择的思想根据，以及决策的思想动机和出发点。

2. 价值引导力

教师的价值引导是政治引导。引导学生树立中国特色社会主义共同理想，是社会主义学校的本质体现。早些年有一句话，叫作"不要培养出社会主义的掘墓人"，就是这个意思。

教师的价值引导是道德引导。教育就是培养学生的道德习惯，以达到道德自觉的目的。教育家叶圣陶的名言"教是为了不需要教"，就是对此精辟的概括。

教师的价值引导是文化引导。教师需要从人的综合素质和社会文化进步的高度，用社会主义先进文化统领学生的思想政治教育，弘扬中华优秀传统文化价值观，把知识的传授和道德情操的熏陶结合起来，促使学生追求自身完善，形成高品位的文化素养。

综合以上的引导，增加"力"的概念。特别注意的是，力有三个要素，即力的大小、方向和作用点。

按照"力"的解释，教师的价值引导力就是教师用力量，教师用极大的力量，教师引导学生按照定的方向去作用。

教师的价值引导力，体现出教师的思维能力、理论素养和精神状态，从性质上来说是思想道德与人文精神的导向，是一种"软实力"引导。它不是教育权力的直接实施，而是强调通过对话、沟通等来观察、分析、改变和塑造学生个体或群体的价值观念，从而在解决问题与统一认识中达到以社会主义核心价值体系引领学生成长成才的目的。

3. 教师的人格魅力是价值引导力的基础

教师的人格魅力来源于渊博的学识和教书育人的能力，具备这样条件的老师不但在教育教学上游刃有余，而且善于处理、协调跟学生以及同事之间的关系，造融洽和谐的工作氛围，以利于获得事业的成功。性格是环境的产物，从这样的老师身上，学生性格能受到各方面的良好影响，受益终身。

教师的人格魅力来源于善良和慈爱，他们会在平等的基础上善待每一个学生，不会因为学习成绩的好坏与家庭背景的不同高看或歧视某些学生。在他们心里，教好每一个学生是老师的天职。他们胸怀博大，容得下性格脾气各不相同、兴趣爱好互有差异的学生。他们不仅是学生的良师，也是慈爱的长者，更是学生的知心朋友；他们不仅关学生的学业成绩，也关心学生的思想品德与行为习惯，更把学生的喜怒哀乐、寒暑冷暖放在心间。

教师的人格魅力来源于学生的信任和宽容，在课堂上他们不是一味灌输，包办代替，而是把学习的主动权交给学生，让学生在探索之中享受成功。他们是指导者和引路人，从不把学生看作知识的容器和考试的机器，他们相信学生的能力并想方设法锻炼提高学生的能力。他们很少对学生说你必须这么做，他们更喜欢对学生说：想一想，你应该怎么做。在人品上他们更是给学生以充分的信任，哪怕是学生有过失的时候，同样相信学生改正过失重新开始的能力。他们不光看到学生的现在，更关注学生的将来，从而利用现在为学生将来的发展打基础。他们既是学生现在的引路人，也是学生未来发展的设计师。

教师的人格魅力来源于对事业的忠诚，他们不是仅仅把教书看成谋生的手段，而是毫无私心杂念地投身其中，以教书育人为崇高的职责，并能从中享受到人生的乐趣。他们以自己的真诚去换取学生的真诚，以自己的正直去构筑学生的正直，以自己的纯洁去塑造学生的纯洁，以自己人性的美好去描绘学生人性的美好，以自己高尚的品德去培养学生高尚的品德。他们是最能以身作则的人。

教师的人格魅力来源于从不满足的执着精神，他们始终用胜不骄败不馁的形象去感召学生追求卓越。在挫折和困难面前，他们是当之无愧的强者。他们不会陶醉于成功之中而不思进取，更不会沉溺于暂时失败的痛苦中不能自拔。他们会反思，并从反思中获得宝贵的经验教训，确立新的奋斗方向和目标，用勤奋和智慧浇灌出更丰硕的成果。实践告诉我们，要想做一名成功的教师，必须做一个充满美好的人格魅力的人。

二、学校教育管理的精神探索

（一）学校党建

中国共产党这九千万党员中，集合了许多中华精英分子。为了民族的兴旺，国家的富强，他们在各个领域各个层次各个岗位上奋斗着，起着不可替代的作用。

党建的四个作用：党组织的政治核心作用、党支部的战斗堡垒作用、党员负责人的示范表率作用、广大党员的先锋模范作用。

在具体实施过程中，学校实施校长负责制，发挥党组织的政治核心作用，凸显党员领导的示范作用，体现党员教职工的先锋模范作用，带动和提高全校师生的政治思想水平，不断提高教育教学质量，这是立校之本，是学校党建工作的关键所在。

（二）群团组织

在党的决议中，明确地指出工、青、妇群众团体在精神文明建设中的重要作用，这是第一次。工、青、妇组织要自觉地承担起这一历史重任。

社会的精神文明建设如此，学校的精神文明建设，学校的改革与发展也如此。

坚持群众观点，走群众路线，宣传、动员广大群众参与学校的各项工作，才能真正搞好学校建设。工、青、妇组织是党领导下的人民群众团体。他们分别联系着广大职工群体、弱势群体，他们的工作如何，直接关系到群众的参与程度，关系到学校建设的广度和深度，关系到学校建设的成败。

工、青、妇每个团体都有各自的独特作用。如教育职树立学校主人翁意识的问题，提高职工科学文化素质的问题，解决职工切身利益的问题，工会组织的作用是不可替代的。帮助和引导学生树立远大抱负和理想，培养学生的高尚情操和健康人格，使之成为合格的社会主义事业接班人。保护弱势群体权益，培育家庭美德，推动家风、民风、社会风气的好转，妇联组织责无旁贷。

第三章　指向核心素养的课程整合

第一节　核心素养时代课程整合的内涵

一、课程整合解读

从整合到"课程整合"经历了漫长的概念转换。最早把整合观念引入教育学领域的是赫尔巴特（Johann Friedrich Herbart）。赫尔巴特以观念心理学和"统觉"论为理论基础，指出学校整合是一个心理过程，即人类新旧经验交互作用进而改变意识结构的过程，并提出整合形态，即"集中"和"相关"两种。所谓集中，即学校课程开发和设置应基于学段培养目标，以代表人类文化发展方向和阶段的文化形态为核心来组织，在当时基于历史、地理被认为具有特殊的教化功能，因此他建议学校其他学科应以这两门课程为中心进行课程规划和构建。而相关是"统觉"论的直接反映，意指彼此关联、互相牵涉的共享关系或因果关系。在课程话语中即强调学科之间保持关联。在整个课程发展史上，由于教育理论及其实践本身的特殊性，尤其在专业化发展的早期阶段，教育学者，尤其是课程研究者不断通过"借词"和吸收不同学科的理念、方法形塑课程自身，整合作为连接教育学与其他学科，尤其是教育学的支柱学科，如心理学、社会学、哲学的媒介处处显示出被建构的印记，这一历程不仅拓展"课程整合"内涵和理论基础，同时又增加了把握其内涵的复杂性，最后只有将其视为课程理念才能真正对其加以理解。

从概念的性质来看，学界关于课程统整的界定可以归纳为作为课程组织方式的课程统整、作为课程开发方式的课程统整、作为课程哲学的课程统整三类。

首先，不少研究者把课程整合视作课程内容的组织方式。根据其关注焦点范围的大小又可分为横向的整合和横纵整合两类。其中，横向的统整强调作为课程内容的组织方式。古德莱德等认为课程整合就是对课程内容的整合，是将与课程内容直接相关的概念、技巧和价值等"组织元素"变成师生容易掌握的"组织核心"，进而将其紧密结合在一起，使学习者对学习内容及其衍生的意义与生活相关联的部分产生整合概念。关注课程横向的联结，可以使课程内容尤其是知识范畴的课程内容如事实、概念、原理、通则等结构化、整体化，进而让学生能够把各种课程串联起来，集中了解不同课程内部和彼此间的关联性。统整性作为泰勒所谓有效的经验组织三大原则之一，就是要使课程经验之间横向联结进而促使学生对经验的理解。有学者认为课程整合强调横向联系就是要让特定的课程内容能够和其他学科内容建立统整关系，从而把不同学科串联起来，理解不同课程间的关联性。随着课程实践和研究的深入，课程统整内涵进一步拓展和延伸，研究者通过对课程实践的研究发现课程组织中促进课程要素横向联结只是课程统整其中一环，而且完整的课程组织过程应该包括横向联合和纵向贯通两个方面。有学者认为课程统整是一种课程组织的途径，旨在以概念或生活问题为导向消除学校课程设置中的科目过多且壁垒分明、不相关以及课程内容之间缺乏衔接的现象。也有学者则认为课程整合就是"课程一体化"，把不同信息阶段和分门别类的课程或学习科目以及特定学习活动系列紧密结合在一起，形成具有整体性效应的课程结构。还有学者认为课程组织的主要目的不外乎促进课程的横纵联系，使学生的学习产生最大的累积效果，因此课程整合是课程发展的一种类型，也是课程的一种组织方式。更有学者认为课程统整是指课程计划中各种知识和经验的联结，它是课程组中的重要特质，在课程各个部分之间建立亲密的关系，使个人获得的知识是整合的而非原子化的碎片。

其次，随着课程内涵的拓展和演变，有研究者认为课程统整不仅是内容组织方式，而且是一种有别于分科课程的课程设计和开发方式，不仅关注内容的统整，还要关注课程目标、实施、评价等各个层面的统整。雅各布（Jacobs）提出课程整合是一种课程设计方式。这种课程设计和开发方式忽略学科边界，在民主的社会和氛围中教师和学生共同商量和决定重要问题及争论，进行课程内容选择和组织，也即以真实世界中具有个人和社会意义的重大问题为组织中心，促进学生将相关知识整合到他的意义架构中，并通过自己解决问题的办法，达成经验和知识的整合。布莱斯（Blythe）指出，课程整合是一种课程开发方式，常被运用于延伸学科的联结、跨领域的学习技巧乃至单一学科所构建的主题中，其目标在于厘清和掌握重要课题或重要议题的相关概念。哈策尔（Harzler）通过元分析发现，课程整合就是一种水平的课程组织，促进学科内尤其是在学科间进行内容、技能和价值观的联系。这类整合课程多以相关课程和广域课程形态出现。雅各布（Jacobs）基于学科立场认为课程统整是一种避免学科知识过度分化而彼此失去关联的课程设计，应用不同的学科方法与语言以验证一项核心主题、议题、问题、单元或经验。德雷克（Drake）也指出课程整合是一个学习历程，多指教育者进行的经验整合，其过程如同瞎子摸象，只抓住局部。比恩（J. Beane）立足社会改造主义视角，基于教育民主化过程考察，指出课程统整是在不受制于学科限制的情况下的一种课程设计，由教育者和年轻人民主协商合作认定重要的问题和议题，进而环绕着这些重大社会生活主题来形成课程组织，以此消弭学生"生活世界"和"书本世界"的隔阂，强化人和社会统整的可能性。有学者认为整合的课程设计可以看作学生学习统一体的一端，另一端则是单学科设计。尽管学术立场和秉持观点不同，但都认为课程整合需要关注到课程开发的各个层面，只有这样才能保证课程要素和过程的整体性。

再次，有些研究和课程实践者将课程整合视为课程设计和教学设计融为一体的过程，从课程实施的角度进一步指出课程整合是教学设计和实施策略。有学者认为课程整合是课程设计的理论，是课程发展和组织方式，也是教学方式和学习策略，是出现连接和结合的动作过程，其最终目的是使学生开展有意义的学习过程。罗伯特和基奥（Robert&. Kellough）从现代教学观视角指出课程整合是一种有组织的教学方式，其目的是使零散和孤立的教材和活动建议统整和关联，以便满足学生的学习需求。有学者认为课程整合可以形成综合课程，也包括跨学科的学习活动，也是使课程得以综合的教学和学习策略。有研究者认为课程整合的一个重要标志是强调课程实施，在教学过程中强化知识之间的联系，以及促进学生学习与个体的生活经验、与社区生活、世界发展间的沟通和活动。课程不仅是知识的载体、学生学习的保障，也是师生共同成长，尤其是学生核心素养培养的重要抓手，课程和教学本来就应该融为一体，课程整合就是要使分化了的学校教学系统的组成要素及其构成要素形成有机联系，成为整体的过程。

另外，有研究者认为，仅将课程统整视作一种课程开发方式不能囊括其内涵，也日益在实践出现误导，应将其视为一种课程理念或课程哲学。比恩（Beane）就认为课程整合是进步主义教育哲学的一部分，是一种课程设计的理论，它所倡导的人性论、社会论、知识观、教育观等和分科课程不同，其内涵涉及学校的教育目的、学习的本质、知识的组织和使用、教育的意义等。这种课程整合及课程哲学观点可以追溯到20世纪70年代的"再概念化学派"。这股新兴势力的一支——现象学派，关注的是个人的教育经验，其重视的整合是以个人生活经验为中心的自我整合。另一支社会批评学派将课程目标、内容、形式连接到宏观的社会结构中，探讨社会结构如何赋予人的权能，进而进行社会意识形态的批判，这种课程理论重视的整合是以社会问题为核心的整合。欧用生指出课程是理论、研究和制度化混种的整合领域，因此课程统整并不只是组织学科内容的另一种形式或技术，必须进行再概念化，应将其视作一种综合的、进步的教育哲学与实践。有学者认为课程统整是一种完美、圆满和完整的达成状态，是促进课程不断发展的课程信念。有学者认为课程整合是一种态度，不能仅停留在分科知识的争论上，而是要打破知识领域的疆界，通过对话等教学活动将知识和生活有机联系起来，使不同的孤立知识系统化。由此可见，把课程统整视作一种课程哲学、一种态度和全面的教育价值追求在于从哲学的层面系统反思学科课程所预设的知识观、学习观，进而从根本上超越学科课程范式，是课程整体价值实现的途径。

尽管课程研究者和实践者对课程整合的内涵理解存在差异，但其初衷都在致力于解决课程要素过度分化衍生的一系列问题，因应社会对学生综合素质培养的需求。从课程整合致力解决的课程理论和实践问题出发重新审视上述四类定义会发现，近年来相关概念的解读越来越呈现综合取向。因此，作为课程内容组织方式的课程整合仅关注"整合什么""如何整合"的问题，是以特定内容作为课程整合的线索，仅从单一维度解决分科课程问题，但如果内容本身远离学生的经验与社会关切，即使结构再优化也很难实现真正的整合，更不用谈整合效益。将课程整合视为课程开发方式试图解决如何整合问题。但实践证明，要彻底解决课程要素分化和学习阶段衔接问题，不仅要追问如何整合和整合什么、整合目标、方式及评价层面的问题，更要关注为何统整等价值层面的核心追求以及谁来整合的问题。毕竟课程整合和分化是课程设计统一体，所有课程整合形态，无论是学科课程还是活动课程，都离不开分科课程，教育过程中课程整合设计涉及课程结构调整，因此只能秉持综合取向，强化课程要素和阶段联结和联系，促进学生和知识、社会发生互动，促进学生学习对学生个人经验的意义、社会生活意义、知识学习的意义更加完整。因此，似乎只能将课程整合视作课程哲学，即协同的课程观和形而上的实践体系，才能更好理解和操作课程整合，但作为课程哲学的课程整合的内涵远未澄清，将其视为综合的全面的教育价值追求，为课程整合开展指明了方向，但在课程整合的实践中容易混淆课程统整"应然"与"实然"的关系。就目前研究来看，把课程统整拔高到课程哲学的高度难度很大，整合代表着一种与分析哲学截然不同的哲学信念。这需要的是引领课程实践变革和研究范式转化的理论框架，不仅要逻辑的严密性还要接受实践的反复检验，需要在本体论、价值论、方法论等层面予以澄清，有核心的论域、研究方法和相对固定的研究团体，甚至超越并主导一种课程范式。因此，实践中课程统整是走向哲学的一种趋向。同时，从整合的词源学看，课程整合本质是一种反思性的民主行动或实践过程，需要理念指导但并非理念本身，强行在逻辑上将其拔高到理念的层面，容易出现概念泛化，产生误解，不利于研究问题的聚焦和深入。因此，课程统整既不能矮化为课程内容的组织方式，也不能泛化为一种哲学信念，而是一种有别于分科课程的整合连续体。在我国现实的课程实践中表现为一种综合课程，尤其是以综合实践活动为代表的综合课程。

课程的综合和分化是课程发展的两种基本形态，相应的综合课程和分科课程则是课程常见的两种表现形式，两者皆有不同的性质。有学者认为课程整合是得到综合课程的基本途径，综合课程是课程发展的基本方向。有学者将综合课程界定为一个混合了多个学科教材的教学单元。也有学者指出综合课程是在单一学习主题下结合领域知识的课程。事实上很多学者都认为，综合课程强调的是知识的相互关联，学科并没有失去本来的面貌，而是保持了相对的完整性。也有研究者认为综合课程应该聚焦学生的生活经验以及个人与社会的需求，课程应该反映生活，不以学生为中心的课程不管涉及多少学科领域，都不是真正的综合课程。

事实上，课程整合不是目的，强化对课程的综合理解才是目的。实践中应该把课程整合界定为基于一定的逻辑，从课程目标、内容、实施、评价等层面出发，使原本分化的课程要素和相应学段学习内容形成有机整体或把未分化的经验、知识形态纳入学校课程的持续性行动。由苏珊课程整合连续体可以发现，课程整合是一个过程，而不是一个客观存在的实体，综合课程是结果，是课程整合后的结果，但整合不一定产生综合课程，学科内部也存在整合问题；课程整合重心在整合，是不断逼近完美的持续性、反思性行动，是理念与经验的综合体，体现了知识、经验、社会和设计的互动协作的过程，诚如霍普金斯（Hopkins）所说，它是一个包含智慧、意志、互动、调整的行为过程。这表明课程整合不存在唯一的、完美的模式，既非高高在上的理论，也非零敲碎打的经验，而是在行动中不断完善，并不断接受实践检验以修正的过程。综合课程的重心在课程，它以课程开发的整个过程为载体，不仅涉及内容层面的整合，还涉及目标、实施、评价等方面。课程整合不仅要回答如何统整、统整什么的问题，还要回答为何统整、谁来统整的问题，是基于特定逻辑基础进行的。缺少了特定逻辑的规约，课程统整或容易滑向琐碎的经验，或诱发价值上的冲突。几种不兼容的逻辑指导课程整合只能让课程更加分化，而整合的泛化、随意化只能让课程体系变得凌乱。不同的课程整合逻辑基础往往会衍生出不同的课程整合范式，如学科整合范式、人格整合范式、社会整合范式、综合整合范式等，采用不同的整合方式会产生不同的综合课程形态，而不同范式对课程整合问题又提出了不同的答案，范式冲突与融合是促进课程整合研究和相应实践持续发展的内在张力。

二、核心素养时代课程整合新内涵

课程整合是一个经典研究领域，也是近几年课程发展的关键词之一。学科课程走向深度的课程整合这一趋势，与世界各国新一轮课程改革强化学生核心素养培育的价值追求密不可分。另外，在核心素养时代，不同学科领域和素养之间存在多重交叉相连的关系，单一学科很难实现对学生核心素养的培育，课程实践中某一种素养的培育很可能是多个学科的目标，课程整合有利于充分发挥课程的整体育人功能，促进知识、能力和态度综合培养，由此被认为是回应未来社会对学生核心素养的期待，更是面向学生核心素养发展的课程开发模式的必然选择。

（一）指向核心素养课程整合的再概念化

素养时代的课程整合，不再仅仅是矫正课程过度分化、课程与生活割裂的良方，而且超越作为课程组织方式的狭隘视域，展现对整合的系统思考与设计，成为一种国际课程改革的潮流和重要取向。

第一，国家课程方案是根据决议目的和培养目标制定的有关教育和教学工作的指导性文件。新修订课程方案以核心素养培养为指向，强化核心素养是完整的育人目标体系认同，并从三个维度强化课程的整合。一是将原有学科整合为相应的学习领域，有条件的学校可以构建学科群，以加强学科之间的横向联结；二是在不同学习领域内根据学科性质在改造传统学科基础上，推出新的综合性课程，如"科学""历史与社会""体育与健康""艺术"等；三是设置综合实践活动课程，强化研究性学习和挑战性课程，给予学生综合性实践机会，使他们的学习和生活有机联系起来。学校在落实上述国家课程方案整合意图的基础上，重新梳理办学理念、育人目标和课程体系之间的关系，以育人目标所彰显的核心素养为指引，处理好国家课程、地方课程和校本课程之间的关系，探索课程体系的整合路径，特别是通过校本课程体系的规划、设计与统整，基于当地课程资源，确定学校的课程设置、课程开设顺序以及课时分配和学年的编制等，为学生学习提供整合性的课程空间，并对课内的教学和课外活动等方面作全面安排。

第二，从学校课程方案的整体规划出发，秉持整体育人理念，渗透"三全育人"思路，对整合性科目究竟落实哪些核心素养进行整体设计和布局，明晰核心素养在各整合科目上的分布以及不同学段核心素养培养进阶和层次要求，然后基于素养分布，经过研究论证，探究各学科凝练的学科核心素养的差异，围绕整合性学科的性质和目标、内容主题、实施方式和评价方式展开整体设计，重视和集中体现学科育人的价值。特别是以素养作为具体的学习内涵，运用相同的概念、共同的主题，构建互补的关系、阶段性过程等方式，促进不同的核心素养在同一水平上进行整合，结成有组织结构和意义的学习单元，提炼学科学业质量标准，确保核心素养落地。同时，建立核心素养和学校课程框架的实质性的联系，开展大单元教学、重大主题（课题）教学，借助多途径推动学生进行跨学科学习、项目学习、探究学习等，以便融合各项有价值的议题，落实课程的整合实施。

第三，课程整合的实施主要以课堂为阵地，以各类综合学习设计为抓手，以教师间实施的协同教学活动为保障，具体涉及学习的情境营造、协同合作、支架提供、任务设计、疑难解答、成果展示和体验反思等活动的设计与开展。通过教学整合改变分科主义、课时主义和以知识点为中心的传统教学弊端，转变师生角色，推动课堂全面转型，从而促进学生核心素养发展。

课程整合的探索是为学生的意义创生的实践活动。鉴于课程整合的复杂性，它可以从上述三个层面的任一层面展开，也可以加以整合实施，但无论哪一层面的整合，都必须站在整体育人的高度，关注培养目标，强化课程的横向连贯和纵向衔接，不能忽视与其他层面整合的内在关系。构建相互关联、相互依存、互为基础的课程体系，发挥课程体系的整体效应。

（二）课程整合的创新发展

受长期以来形成的学科（分科）课程根深蒂固的影响，当前课程整合的传统局面亟待超越，实践中课程整合乱象已经严重影响课程整合的成效，而且鉴于核心素养整体性要求，新的整合诉求日趋明显，必须强化课程整合在价值取向、组织原则和实施逻辑等方面的全面创新。

1. 通过课程整合的概念重构强化人格统整

这就要求教师必须从学科中心的课程观向学生中心的课程观迁移，使其对课程整合的价值提升到人格塑造层面。尽管传统的课程整合克服了分科课程割裂知识联系的弊端，尽量兼顾知识的整体性、迁移性和情境性，但课程整合依然是以学科内容为取向的，是一种课程内容组织方式。因此，这种整合是形式的和外在的，并未触及培养人的核心问题，甚至忽略学生的全面发展方向。由于素养作为一种整体概念，涵盖知识、能力和态度，凸显着全程育人、全学段育人、全学科育人以及培育整体的人这一价值取向，素养时代的课程整合作为一种全新的课程理念，要求发挥其整体的育人功能，促进学校课程与社会生活的整合，增强学生全面整体人格的发展。为此，打破知识、经验和社会"箱格化"的分离状态，成为课程整合的基本要求，秉持综合价值取向，通过学生的跨学科探究、项目学习和批判性思维激活学科知识以及提升知识的创生性，并将其与现实生活世界和个体经验联系起来，谋求学科知识的主体意义、现实需求和社会价值有机整合。除了重新汇聚教育情境乃至整个社会情境中分离的要素，修复和完善现有课程体系以便形成整体的课程外，素养时代的课程整合还要求增进课程理解，促进实施活动在时间上的连续性和空间上的整体性，聚焦大概念，根据整体的学生形象，维持学生的原样，实现学生个体和社会的统整。

2. 通过多种方式促进横向联结和纵向衔接

核心素养涉及层面很广泛，因此必须改变传统课程整合仅注重课程内容的横向联结，促进学科之间、跨学科之间以及学科与学生生活之间的水平统整。由于核心素养培养的长期性和复杂性，不同学段究竟培养哪些核心素养以及如何有效衔接，考验着课程研究者和一线教师的智慧。另外，课程内容和主题选择如何做到循序渐进并呈螺旋上升趋势，成为课程整合必须加以解决的重要课题。因此课程整合实践在坚持不同学段、不同学习领域课程水平统整的同时，有必要进行核心素养分解和层级化，注重课程目标开发和整体设计，通过课程政策、课程标准，明确界定核心素养的架构，做好不同教育阶段的整合课程和统筹设计，研究如何向下扎根和向上衔接，以实现各学段课程整合的垂直连贯，以便对接学生发展核心素养的不同层次。随着课程整合研究和实践的深入，小学、初中、高中乃至大学课程整合的衔接设计或一体化设计必将被纳入研究议程。借鉴欧盟等国家的做法，将核心素养作为教育目的，转化为不同年龄段应该学习获得核心素养，垂直连贯幼儿园课程、小学课程、初中课程、高中课程、大学课程等不同学段课程内容。

3. 通过开展跨学科学习强化课程的跨领域实施

核心素养的重要特征在于其"后天可干预性"和"情境性"，因而学生围绕核心素养的学习不是被动、机械地习得现成的知识与技能，而是在多种社会性情境中的反省性实践。因此，在素养时代，课程整合不再局限于对课程分化的纠偏，也不再纠缠于学科和跨学科的区别，而要秉持多元化统整理念，将课程整合视作课程开发方式，同时强调整合策略和方式的多样化。跨学科学习有助于学生核心素养发展，学科教学也可以采取跨学科学习的方式实施，以一种融综合性与探究性为一体的深度学习方式，提高学生解决真实问题的能力，促进学生将学习知识应用于社会生活。由于个体素养的发展是寓于情境之中的，无论是学科课程还是跨学科课程，都需要超越传统的知识整合的视野，减少工具理性的影响，利用技术手段强化协调知识与情境之间的关系。所谓的情境就是指学生学习的各种场合，既包括个人生活情境，又包括学生所处的社会情境和未来的职业情境。它是课程整合助力于跨学科学习，并将知识学习与多样化的情境相联的重要条件，从而通过凸显跨越个人领域、社会领域和职业领域的特征，借助于综合设计生成学生的跨领域情境体验，从而促进他们对知识、技能、态度等的深度理解和广泛迁移。课程整合通过跨领域实施，把知、情、行、思、信等要素相融合，构建"五位一体"的教学模式，达成情境体验与知识深度理解之间的平衡与整合，重构学生个体素养。

4. 通过跨越知识整合凸显行动取向

素养的具身性和综合性决定其发展不能靠说教来完成，而要嵌入个人与真实世界的特定任务和需求的互动之中，并借助于具体行动才能得以表现和实现。教育实践证明，核心素养的发展必须有体之于身的实践意义，即通过学生对真实情境中活动的体验才能得以培养。因此，素养时代的课程整合需要利用知识、经验、社会和设计之间的综合统整，并凸显其行动取向，跨越知识整合的范围，把碎片化的知识信息和分散的能力要求串联起来，立体化地培养学生的综合素养。这意味着，课程整合中需要强化学习者与社会环境的互动，促使学习者作为经验共同体中的一员创造性地参与社会行动，变单向为多元的学习活动，解决真实情境中的现实问题，重构师生、生生间的交往和联系，调动学生主动性，培养对社会空间、权力结构、地方政治的批判意识，通过行动，尤其是通过活动课程丰富学生的自我体验，通过全身心地投入探究情境，并借助个性化的问题解决及反思等过程，广泛联系各种资源，形成主动、持久、灵活的持续学习能力，并改善自己的日常生活、服务社区人群或关注国家事务，强化担当和共享意识，培养学生提出问题、建立联系和个性表达的能力。

第二节 课程整合的效能

一、课程整合的理论纷争

课程整合源于知识的形态。传统的课程设计大多以学科知识为中心，而知识的分化和专业化发展及社会专业分工的细化密切相连。过去以学科知识为主要对象的教学与教师的专业成长是相对应的，教师专业发展和学科知识分化相对应是自然的事情，但随着知识分化学科也在不断增加，学生学习压力和信息意愿却在不断下降。而现实的课程整合是一件高难度的工作，着力于知识本身的整合而忽略将知识融入生活世界。

知识是课程的主要内涵，是价值选择问题，也涉及权力分配和相应的结构。目前知识的演进已呈现阶层化现象，只是传统的课程改革不愿意触碰这一敏感话题，课程整合与分化多关注技术理性。知识社会学研究就指出知识的分类、分配和传递与社会中的权力结构和分配直接相关。英国课程专家伯恩斯坦（Bernstein）将课程分为两类：集合型和整合型。这种分类又与教师权威强化程度密切相关。传统社会知识分配相对集中化，知识的结构则倾向于分化而独立。在当今民主开放时代，知识的分配走向世俗化与多元化，知识的结构呈现整合取向，学科边界也不是那么分明。若以学习领域边界划分强弱程度，集合型课程领域知识边界划分比较清楚，而整合课程领域知识边界划分比较弱。

20世纪末互联网问世以来，知识的传递和流通的便捷性大大提高。在大数据时代，随着学习分析和数据挖掘技术在教育中的广泛应用，知识的性质也随之发生变化，由过去的垂直性、阶层性走向平行连接和流通，知识本身的确定性在弱化，不确定性在增强，封闭保守走向开放共享。作为权力支撑的知识逐渐打破了垄断，走向去中心化，在此基础上课程整合在知识横向流通和纵向超链接方面远远超过分科课程，这就为课程整合提供了合法性基础。这也是世界各国课程改革都在强化"分享"和"知识横向联结"的原因所在。在智能时代，随着新信息技术嵌入教育和学习领域，教师权威角色在弱化，学生在"分享"理念支持下，借助现代化信息技术由知识的消费者转变成知识的生产者。而课程整合更有利于打破知识垄断，赋权于学生。这种课程形态正迎合了民主化进程和时代需要。

课程整合这一话题目前之所以受到重视，很大程度上是教育初衷决定的。教育者希望将课程整合建构成一种教育理念，甚至是一种社会运动，将国家教育改革和社会对课程改革的殷切期望转化为动力，唤醒全民教育意识，改变偏向分科课程的制度，满足社会对综合素养人才的需求，打造国家和个体新未来。事实上，虽然现代社会的主流是分化，但社会乃至教育在分化发展过程中的整合要素只是被压抑，并没有消失。主要体现在以下几方面：

首先，分科课程过分强调分化，成为知识选择性的代表，忽略教育的目的，将学习知识作为教育的目的，强化工具和效率意识，而不重视学习知识的主体——学习者。将教育目的视为存在于不同分科课程中的事实、原理和技能，而忽略其应该作为工具，必须应用到真实生活中。那些存在争议和发展中的知识往往被忽视。但随着知识爆炸式增长以及社会飞速发展，想利用课程学习穷尽知识已经不可能了，而且随着知识更新，大量知识因陈旧而逐渐被淘汰，对其用心学习没有必要。而要将这些新问题和相应知识融入传统的课程结构中很难。在课程改革过程中，各领域学科专家和分科课程的支持者为了避免科目被删除或合并，从而造成所属团体利益及其价值的失落，尽力保持原有科目的完整。为了学习新知识以便解决生活中的真实问题，课程改革者不得不以"外加"方式另设新科目。这种以外加方式"挂"上去，自然会增加课程负担，甚至扭曲新的课程改革理念。

其次，分科课程及其表征的学科知识往往是客观化的、去情境的，是学术人员因其自身旨趣和目的所切割的领域，当出现在课程中时，往往将纷繁芜杂的生活限定在狭隘定义的领域中。这种狭隘的生活只是一种版本，或者是一种生活标准，贬低了学术人群之外的真实生活需求。而且这种课程所储存的"美好生活"反映了主流人群充满偏私和狭隘，所强化的知识或生活往往只是一种特殊的知识，而且在分科课程中被普遍化、正常化，而其他人的文化就被排除在课程之外。强化了"什么最有价值"，而忽略"谁的知识最有价值"。课程整合就是要解决这一问题。而科目中心课程之所以支配着多数学校教育，整合课程之所以局限在少数学校，其主要原因之一在于学校教育的成果极力生产出具有高身份地位的知识。长久以来，在学校课程的"分类和选择"系统中，分科课程及其选择的内容在学生的生活中扮演着重要角色。虽然仅靠课程整合不一定能解决这些问题，但使用生活中范围更广的内容，结合学生的生活经验和文化，可以培养学生核心素养，提高生活品质。

再次，缺乏整合的分科课程所提炼和开发的知识体系往往是碎片化的、独立的、远离生活的，一些缺乏一致性和真实性的知识和技能不利于解决现实生活中可能遇到的困惑，撕裂学生的生活和知识的完整性，也不利于学生综合品质的培养。而课程整合则试图维系学生对生活的全面理解。在分科课程中师生被规定去完成他人的"课程"，他们所扮演的角色是课程接收者和实施者，原本社会精英的教师被剥夺了课程设计和开发权，学生的课程权力，尤其是课程选择权也被剥夺，师生成为课程开发的局外人。这样会降低课程建设的积极性，甚至造成师资流失和学生创造性的泯灭。

有学者认为课程统整一般指课程因素横的联系或水平的组织，旨在统合学生分科学习，以增加学习的意义、应用性和效率。有学者认为课程统整是一种课程组织，旨在将跨学科的课程作有意义的联合，关注的焦点在于理解生活问题或扩大学习范围。因此，针对上述分科课程存在问题的分析，课程整合者认为课程整合可以解决这些问题，因为课程整合具有以下优点：

（一）增进学生有意义学习，提高运用知识能力

课程整合旨在增进学生真正了解自己及其世界，善用知识解决问题，活用知识化为社会行动，以便培养学生整合知识、批判思考、社会行动的能力和素养。因此，课程整合的首要价值在于让学生进行有意义的深度学习，以建构主义为课程开发和设计的理论基础，通过将割裂的、碎片化的知识的整合，强调学生的真实的生活体验，建立知识与生活的联结，引导学生自主建构知识，形成有生命力的、个性化的"活化"知识，增进学生自主学习和活用知识的能力。

（二）促进大脑的协调运作和创造性思维的发生

大脑研究者发现，学习因挑战而提升其效果；情绪是统整学习的关键因素；大脑同时处理部分与整体信息；信息处理是一个全身心的活动。这些研究结论足以支持课程整合与整合概念。毕竟大脑的学习是以模块方式进行的，课程整合有助于创造模块和联结，将知识与生活联结起来，促进知识的迁移以及左右脑的协同学习，缩小因人的大脑分工对学习形成的阻隔。另外，当前基础教育背景下，创新思维和能力的培养是改革的重点，为此，必须改变过去"灌输"式教育模式，将课程整合起来，激发学生的多种感官，促进学生运用自己的优势智能开展学习，激活左右脑，从而促进学生高阶思维和创新能力的发展。

（三）激发责任感，促进合作学习的开展

分科课程的学科教师分工明确且各自为战，学校科层管理机制使得师生之间、部门之间缺乏必要沟通，直接影响学校的整体育人效果。长此以往，教师之间和学生之间缺乏合作意识，学科和部门教师之间责任感下降，都在各自领域和职责范围内从事教学和管理，形成孤军奋战，也造成教师的知识视野狭窄，学生的整体发展无人问津。课程整合有助于教师打破学科局限，在合作开发和设计课程过程中领略其他学科"风景"，增加合作意识，大大增加交流机会，实现课程创生，提高学生合作学习意识和能力，开拓专业视野，强化综合学习和终身学习。

二、课程整合的时代因应

21世纪是科技导向的时代，全球经济一体化呈现雏形，一方面科技的发展极大地促进社会进步，另一方面也因此带来全球性的新问题，如环境污染等，人们被迫在科技日新月异和传统文化之间寻找平衡。人类面临民主文化和世界文化冲突、人文精神和科学精神以及价值和理性的对抗。当前随着信息化时代的到来，以大数据、互联网+、新一代人工智能为代表的新技术对教育产生深刻影响。最重要的影响是促进知识更新速度和容量呈几何指数增长，强化知识传播速度。同时与信息时代伴随的全球一体化，尤其是人工智能的发展对人们现有的价值观念、生活和工作方式、教育观念产生巨大冲击，对人才结构和相应素养提出了全新的要求：未来社会需要的人才应该具有批判性思维、开阔的视野、对各类知识的系统掌握及互联互通能力。另外，具有科技和人文素养相融合的完整人格以及终身学习意识和创新实践能力显得格外重要。

为了应对新技术对人类生产生活带来的挑战，世界各国和国际组织都在对教育教学实施深度变革。而课程改革作为教育改革核心备受关注。在世界各国开展的形形色色的课程改革中，课程整合是根本性问题之一。现代课程改革运动就是围绕课程整合问题展开的。因为课程整合作为课程分化对应的形式和重要的课程改革理念，使分化了学校教学系统的各个要素及相应的成分有机联系起来，形成整体过程，从而打破学科森严界限，重组并赋予各个课程要素新内涵，以学生真

实世界中对个人和社会都具有意义的问题和主题为整合线索，安排与相应知识有关的内容和活动，将预设和生成有机结合起来，鼓励学生主动开展探究、合作和自主学习，将课程知识和经验整合到生活意义架构中，培养发现和解决问题的能力，达成课程开发、知识、社会和生活的全面跨界整合。

当前，世界各国对课程整合的重视与新信息技术对教育尤其是课程的嵌入和影响关系密切。未来的"科技+教育"不是简单地将新信息技术应用在课程某个环节上，而是将其内化于课程过程的各个方面，用信息技术发展来引领教育变革，实现"教育现代化"。教育信息化将更以"连接"为要义要求课程开发必须强化整合理念。教育信息化时代的课程开发和设置更加注重的是课程开发单位与有关体系内部的联接，但为了更好地适应社会对人才新的要求，新时代的信息化将从课程体系内部"小联接"走向教育与其他各领域的"大联接"。

新信息技术与课程的整合是我国当前基础教育改革的一个重要途径，它使课程改革有了新的可能和支撑。因为信息化技术与学科教学有着密切的联系和继承性，同时又具有相对独立性特点，创生新的课程和教学结构、形式和类型。就课程而言，MOOCS、SPOCS 等共享性和开放性课程不仅促进教育机会公平，还有助于提高教育质量。就教学而言，翻转课堂等新的教学形式强化了教学形式和内容的革新。就学习形式而言，新技术使得泛在学习、移动学习成为现实，增加了学习机会，强化了信息的便捷性。新一代人工智能在课程中渗透，这转变师生角色，挑战着传统课程仅关照碎片化知识的教育目的观，使关系思维和整体性知识以及核心素养的培养成为教育的核心追求。信息技术与课程整合以及对课程整合的促进作用，不是把信息技术仅仅作为辅助教或辅助学的工具，而是强调要把信息技术作为促进学生自主学习的认知工具和情感激励工具。同时在人工智能时代，通过赋予机器学习和感知能力，从而更好地利用信息技术所提供的自主探索、多重交互、合作学习、资源共享等学习环境，把学生的主动性、积极性充分调动起来，使学生的创新思维与实践能力在整合过程中得到有效的锻炼，这正是创新人才培养所需要的。

由此可见，基于新信息技术手段的课程整合是改变传统教学结构、实施创新人才培养的一条有效途径，也是目前国际上基础教育改革的趋势与潮流。

第三节 指向核心素养的课程整合机制构建

一、指向核心素养课程整合模型构建

（一）课程整合模型构建

在课程与教学发展领域，由国外科学教育界所发起的关于课程一致性和连贯性的研究方兴未艾。在这一研究和实践成果助力下，基于学习进阶的课程与教学整合，成为指向核心素养课程改革领域的热点，并提供了两方面的契机：一是确定了学习进阶研究的两个核心变量。一致性研究关注的是知识的横向整合，也就是根据学生对不同知识在认知要求上的差异，将课程开发与教学设计研究和实践聚焦到学生认知规律和知识（类型及性质）两个要素。而连贯性研究关注的是课程纵向联结，也即根据不同学段学生思维发展特点及规律和知识本身具有的逻辑结构，将课程研究和实践聚焦到学段、能力发展两个要素。将纵横两种范式的课程设计研究和实践结合具体情境进行整合，可以发现学科课程发展缺乏的是在具体学科内容领域中学生在每一个学段对某一个核心概念应该达到的认知水平的刻画，即没有对学习进阶进行强化研究，实现学段与认知两要素的有机整合。二是提出了大概念作为学科课程内容和整合的线索并强化概念体系开发和研究的问题。目前，基于大概念促进课程开发、实施和评价的连贯性和一致性，成为指向学科核心素养培养的课程改革的重要呼声。因此，基于大概念和学习进阶构建课程整合机制，实现学科育人目标，成为完成立德树人教育改革的重要途径。大概念直指多维科学课程体系的建构，促进学习内容的横向整合；学习进阶与此紧密配合，基于对学生认知发展的研究，实现学习内容的纵向整合，两者相辅相成、互为依托。因此，基于上文对大概念和学习进阶内涵、特征以及与课程整合契合性的研究与思考，可以构建一个指向核心素养的课程整合机制模型。

在这个模型中，纵轴说明核心素养围绕大概念（这里的大概念既是学习内容也是学习目标），沿着学习进阶螺旋上升每一个阶段学生应该掌握的特定核心概念，并为下一阶段学习大概念做好准备。也说明课程整合存在于学生发展整个基础教育阶段。纵轴表明领域内甚至跨领域学生学习的深度和广度。学生随着学科课程实施，产生了累积效应，学生在各自领域或跨学科领域中，为了深入学习和探究而拓展它们的概念基础：某个概念形成是为了联结下一个概念。这个循环过程也是跨领域技能、主题、概念和论题，在一定的情境中的整合过程。也即课程研制者和实施者以整体态度和明晰联结来强化学习时，学生自然会在不同科目之间建立联结，形成系统化概念体系。这个整合机制通过围绕大概念及其深度和宽度的探究实现课程的横向整合；利用学习进阶的研究和实践，实现课程的纵向整合。因此大概念的选择和组织以及学习进阶的研制就成为核心问题。

（二）大概念选择与组织

早在 20 世纪六七十年代美国学者就将大概念这个词引入教育学领域，试图围绕大概念展开课程内容的横向组织，强化课程目标体系化，打破学科界限和传统知识体系，形成整体性育人体系，更好地促进学生发展。他们主张用"大概念"去组织课程，实质上看重了大概念本身具有的高度整合性和强大的迁移性，整合了学科内许多重要概念，进而组织大量的现象和数据，包含许多逻辑内容，并可以将这些知识运用于不同情境。可见，基于大概念（包含核心概念和跨学科概念）开展相应的课程跨学科整合，就是构建学科知识之间的内容关联，强化知识在同一个深度上的横向交叉融合。有文献指出，大概念整合了许多不同的科学现象，是促进众多核心概念、原理和技能和谐一致的桥梁和源泉。它需要通过逐渐复杂化的方式进行习得从而指向新的发现，借此促进学科之间产生创造性的联系。

因此，在构建课程跨学科整合模型时，如何选择大概念成为课程整合的重要问题。相关领域专家学者借用多种方法和手段，开展系列研究呈现多种大概念选择和组织的标准。哈伦等通过研究提出大概念选择应该按照以下标准：一是解释力，即选择的大概念能够用于解释众多的物体、事件和现象，包括学生在学习和工作生活中会遇到的概念；二是基础性，即提供一个认知和行为活动基础，借此帮助学生理解主题并作出相应决策；三是价值性，即大概念能够帮助人们提出有关自身和自然环境的问题，并提供回答或参考意见，因此而让人们感到愉快和满意；四是文化性，即大概念具有文化上的意义，例如反映科学史上的成就，以及研究自然的灵感和人类活动对环境的影响等。

就大概念的选择方法而言，一是使用通过分析课程与教学内容梳理出核心概念和大概念。首先要基于对新款课程和教学单元或主题的内容分析，找出本单元的聚合概念或少数几个狭义的关键概念，然后进一步追问从而形成概念系列，再结合上述标准加以提炼，理清所有的相关概念及概念结构，并做超越主题和具体事实的思考。二是参考国内外已有的科学教育标准和相关研究证据。参考国内外已有的教育标准和相关的研究证据是最常用的提炼大概念的方法，也即根据这些标准和研究结论并结合自己的学情分析加以比较，构建出各年级段学生对其应达到的理解程度的核心概念。另外，大概念的选择与组织可以参考专家、教师和公众的意见。也即各国对大概念的选择和组织及其学习进阶的研制都十分重视听取国内外的学科专家、教育专家和一线教师甚至是学生的意见和体验。

（三）学习进阶的研制

构建和呈现学习进阶的方法主要有两类。第一类从认知科学的角度出发，通过开发跨学段的评测工具和相应技术手段，来探查学生对大概念理解的发展进程和最终期望表现。这类方法又被称为逐级进展法，其最核心的是用预期表现来描绘出学习进阶中各学段学生对核心概念的相互关联的多个成就水平的理解。第二类从课程论的视角，基于已有研究成果和课程标准或方案表征的社会预期，使用概念陈述的方式描述出各学段学生对大概念应该达到的理解水平。这类方法又被称作全景图法，它保持了课程标准的框架，并围绕大概念组织课程，这样就可以基于课程标准开发课程内容，并通过联系现象、观察或技能的线索，确认不同内容之间的联系，从而使大概念有机和谐地发展，展现了学生向高一级进展所必需的相互联系。

有学者认为学习进阶涉及四项必备要素：一是大概念的确定及相应的解读；二是创建并界定各进阶层级；三是开发测评工具；四是开发促进学生发展的教学干预手段。基于此，首先，学生学习进阶的确定要围绕核心概念和关键能力，这一点在上文已经有所论述。其次，基于对学生认知和思维发展规律的研究提出有效的进阶假设。也即围绕上述确认的大概念创建进阶假设。一般而言，进阶假设包括进阶起点、进阶目标和中间节点，并通过由进阶变量将三者加以串联，从而为进阶假设搭建起理论框架。这样看来，进阶变量的选取和设计就成为创建进阶假设的核心工作。在交接理论框架的指导下，研发者可以进一步确认进阶起点、中间节点和进阶目标。再次，根据假设选择测量模型，也即借助于先进的教育测量技术开发相应测量模型，其中项目反应理论和潜类别分析是当前采用最广泛的统计分析模型，研发者能够根据这一模型选择有代表性的、稳定的且能表征学生发展的观测证据，以便对学习进阶进行检验和修正。但这对研究方法提出了较高的要求，经过专业化开发活动并反复检验的可靠实证数据才能使学习进阶的研究结论得到广泛的认可。最后，开发工具收集证据，也即通过研究开发出区分度较高的能够测量出学生进阶表现的"标尺"。常用方法是利用测试题方法开发。

二、整合方式的综合运用

（一）课程整合方式的研究

如要发挥课程整合的功能，必须充分了解整合的目的，依据教育和教学发展需求选择或融合出适切的整合方式。目前课程整合方式多种多样，众说纷纭。雅各布（Jacobs）提出了连续体的六种课程整合模：基于学科的内容设计模式、平行式学科设计模式、互补式学科单元模式、科际整合单元模式、统整日模式、完全课程模式。雅各布还建构了以探究主题、问题为核心，促进学生在探究过程中理解学校学科间关系的、所有学科观点的课程整合方式。该方式涉及数学、科学、人文社会科学、艺术、语言等七个学科，涉及范围依据主题性质和师生研讨结论而不同。教师开发该整合方式时首先确定议题、课程范围、重要事件，然后师生进行头脑风暴研讨和主题有关的观点以及与核心主题相关学科的联结方式，再确立专业和学科内容组织的先后次序。最后撰写整合课程活动方案设计，并加以实施。

帕尔默（Palmer）经过多年尝试错误后，运用"轮行设计"建构了科际间课程联结方式。轴形设计以主题为轴形主轴，根据学科多少确定轴杆，题材也可以根据需要加以统整和改变，进行弹性实施。该方式分为四个阶段：课程设计者和管理者举行会议研讨，以跨学科方式确定课程目标、主题与技能；设计者根据学科课程关系提出轮状设计样本图示，标明各学科关系，并以轮状的轴心为主题，轴杆与轴杆之间为整合的学科与活动；设计者以轮形图为组织工具和线索，开发新课程体系；课程管理者协助教师运用跨学科方式实施新课程。

有学者认为，当下的课程整合是面向学生发展核心素养的课程开发模式的必然选择，也应契合核心素养所具有的整体性、情境性和具身性特征。因此，以素养为基础的课程整合理应具有鲜明的育人取向、跨领域取向和行动取向。基于核心素养的课程整合应该也必然是超越学科和跨学科之争的学校课程整合方式，体现为三个层面的整合：课程方案层面的整合、科目层面的整合和以主题/单元教学为样态的课堂层面的整合。学校课程发展可从下列五个维度着力促进课程整合：对核心素养作相关界定以实现课程目标要素的整合；设计共享的任务结构以对活动与练习进行整合；整合不同的教学模式和方法以实施学校课程；整合标准和工具以评估核心素养的学习；整合正规、非正规和非正式课程等不同课程形式。

有关课程整合方式很多，但整合学科离不开单一学科、跨学科、科际整合，统整方式离不开主题、学科统合，其中又以科际整合和主题模式最常用。

（二）多种方式的整合应用

1. 学科内整合模式

学科内整合模式多指对学科内部的知识、技能和相关概念进行统整，在学科框架内围绕相对同一的知识内容为主题实现课程的整体设计。一般发生在某一学科内部，由任课教师独立实施，旨在促进学科知识结构优化及学科知识与学生经验有机融合。这类整合课程已经开始运用整体性思维方式开发相应内容以及设计实施方式，而不是把"统整课程"作为"学科课程"的对立面看待，从而忽略了课程统整在学科内部发生的可能性。学科内整合可以划分为科内知识整合、科内经验整合与科内过程整合三种类型。优质的学科内整合试图解决教学内容繁多、课时相对较少等问题时，对教师课程开发能力、课堂管理及跨学科知识的掌握提出了挑战。学科内整合常用联结式、窠巢式等方法对学科内知识进行整合。其中，联结式是列出学科教学单元主题、概念，并在具有相似内容的学科之间寻求联结；窠巢式是以某一科目内容为基础，以某一学习主题、教学单元、核心概念为核心，再加入与之相关的其他概念、技术、态度作为教学目标，形成一个单一学科、多层面学习单元。

2. 多学科整合模式

多学科整合模式是指在每个学科中围绕一个共同主题，分别学习概念、知识和技能。这是一种松散的课程整合模式，可以分为两种类型，一是围绕两门相关学科的某些主题开发相应课程，并在相对同一时间开展教学，如将 STEAM 课程中的数学和科学组成科学课程，将政治和历史组成社会课程等，而两门平行学科之间的关联要靠学生自己掌握。这种整合模式常用分立式，保持每个科目的独立性，学科间联结不紧密，维系原来学科属性，呈现清晰的单一学科知识。二是围绕一个共同的主题将多个相关学科调整到一个课程单元或学程里，而各学科保持独立，整合内容分属于不同学习领域，学科特点影响整合学科的教学和评价。例如，作为 STEAM 课程的前身 STS 课程就是将科学、技术、社会课程通过选择相关主题整合在一起的。多学科整合模式常用的整合策略包括并列式，将几个分开的学科借助于共同结构加以联结，调整学科内容次序，在同一时间内教授类似或共同的课程内容。

3. 科际整合模式

科际整合模式是指不同学科围绕同一主题分别开展课程开发和实施的过程，以便学生深化知识理解和掌握相应能力，在两个或更多的学科中学习密切联系的概念和技能。在科际整合模式中，学科边界依然存在，但对教师而言有助于形成完整的知识观，同时消除学科分化、不均衡造成的学科内容交叉、重叠现象，达到"提质增能、减负增能"的效果。科际整合模式中相关学科对本身的内涵的理解有其深度，但不同学科知识要结合起来探究一个共同主题。根据组织线索的差异，科际整合模式可以划分为"中心科际整合"与"平行科际整合"两类。前者是以某门具体的学科为中心，选取其中的知识或内容形成主题，相关学科围绕该主题分别进行教学的课程整合模式。在学校学科内部权力结构的博弈下，很难让其他学科自我牺牲而成为别的学科教学服务的工具，因此在学年中开展以某个学科为中心的科际整合很受欢迎，如科学与艺术课程整合来提高学生的科学人文素养、将生物与化学整合起来开阔视野等统整思路，可以培养学生解决综合问题的能力。这种整合模式较适宜采用张网式方法，将较有普遍性和富有意义的概念作为主体，不同学科以此为中心组织课程。

平行科际整合强调两个或者多个具有相似性和为了某种培养目标的不同学科，围绕统一主题独立开展课程开发和实施的过程，相应的教学具有独立性和互不干涉等特点。并列式、共有式可以作为平行科际整合的有效策略。

并列式是指在两个以上科目之间发展某些共同关系，但仍然维持各个科目之间的分立，通过各科之间的联络进行课程开发和教学，调整各科的授课顺序使得性质相近的议题、主题、问题可以在相同时间段中学习。共有式是找出两个学科之间重叠的概念、技能和态度，形成整合的主题和单元。科际整合要求各科教师保持良好的协作关系，在必要时候开展共同课程开发，调整本学科的教学计划进行统一的课程实施，因此，一个民主、分享的合作氛围对科际整合模式至关重要。

（三）处理好分科课程与整合课程的关系

需要注意的是，实施课程整合要有正确的课程观，充分认识到分科课程和整合课程以及不同整合模式各有其优势、使用范围及对象，分科课程与整合课程是学校课程发展的"一体两翼"，"课程整合"自身的学习效率问题、知识系统化问题都需要通过分科课程进行补充，不能因为"整合"而否定"分化"。不能一味排斥分科课程，也要反对学科课程的过度分化，以至于滑向知识本位的"分科主义"。目前，学科主义传统在我国根深蒂固，不仅形成了完整、精细的学科体系，而且对广大教师而言开发和实施学科课程已是轻车熟路，加之学科体系制度建构已经形成了纵横交织的权力网络和错综复杂的利益链条。师资培养、专业发展、校本教研、教材编制、测验评价、课程管理均以分科为依据实施科层化管制，并辐射到文化及民俗层面。基于分科体系形成的教师身份认同、社会的舆论氛围和家长的价值偏好持续维护并生产着学科体系，这无疑加大了课程整合的风险和成本。实施课程整合可谓"牵一发而动全身"。因此，推行课程整合，首先要打破学科壁垒，更要厘清课程整合背后的权力及利益纠葛，消解学科体系的制度壁垒，强调多元的课程内容和宽松的课程选择赋予社会流动的机会，为课程整合创设良好的制度环境。

三、课程整合主题的开发

（一）主题整合课程的内涵

指向核心素养的教育改革是以课程作为突破口而在教育领域内开展的一次全方位的变革，其根本使命是实现立德树人的目标，因此在课程的目标、内容、实施以及评价等方面都表现出许多新的特点。根据这一使命，打破学科间僵化的界限，整合学生的生活和社会经验是课程开发和实施过程中的首要要求。而主题内容（概念）确立和选择的过程正是一个寻求不同学科之间、学科内部不同知识单元之间，以及学科知识与学生的生活、社会经验之间不断整合的过程。因此，它是最新理念反映在课程改革领域中最集中的表征。那么究竟什么是主题，以及如何界定并加以选择和组织，这是课程整合的重要抓手。

对于"主题"内涵的界定，研究者虽然在各类研究活动中对其反复加以使用，然而清晰的表述却不多见。在各类辞典中，"主题"通常是与文学作品联系在一起，被界定为文章中突出反映的主要题旨、思想和中心论点等。从内容角度上看，主题则是借以反映和表达文章核心思想的具体内容。然而在课程的语境中，尤其是在课程整合理念的指导下，"主题"通常是与课程开发甚至课程理解和实施过程中的分科内容、零散经验相对而言的一个概念，是实现碎片化知识系统化的载体，是开展教育和教学活动的中心议题，是不同内容共同指向的核心问题。因此，主题内容从静态角度上是一门具体的知识领域，从动态角度上则是将不同的学科知识和学生经验依据整合理念联结在一起的一种方法和途径。

（二）主题内容开发的模式

1. 多学科（科际）主题的设计

多学科（科际）课程整合设计的起点在主题的选择和组织，其核心是知识体系的重构，即依据主题分析出学科核心概念以及相关概念体系，再依据其属性将这些选择出来的概念归入不同学科，并弥合学科界限，针对这些不同学科进行探讨。而多学科（科际）主题的设计是以学科知识为主要学习对象，思考的起点是各学科的具体知识以及由知识活化而形成的各类技能，每个学科将在主题的范围内寻找各自领域中的相关知识和重要技能。按照雅各布的建议，主题的选择由师生沟通协商决定，即师生通过头脑风暴寻找与主题相关的议题、事件、材料，从而建构起学习内容之间的联系，教师再通过整体思考这些学习内容后提出"引导问题"和"重要理解概念"，借此联结各学科概念，形成概念体系，以便确认学生学习范围以及科目之间联系和学习顺序。

多学科（科际）课程整合模式中，主题只是作为一个导引的线索，提供一些素材和划定一个范围，以供各学科开展课程整合探究活动，建构各自的知识内容。这种主题的设计需要考虑到学科之间的特点和联系，促进学科知识的学习和融通，因此这种主题的开发模式是学科本位的开发模式，但已经具有整合意识，学生需要运用不同学科知识去解决现实问题并做出相对合理的解释，以便构建不同的学科系统知识。

2. 跨学科主题的设计

课程通过跨学科开发和实施是素养时代课程整合的重要途径，相关内容的选择和组织的起点也是主题，只是更加强调知识与情境之间的联系。虽然这种模式也观照各学科的知识，但是其重点却是主题的探究和学习，把碎片化信息和分散的能力串联起来，立体化培养学生的综合素养，因此学科知识的获取只在学习主题时发挥辅助性作用。因此，与多学科（科际）整合相比，跨学科主题的选择和设计过程中，主题的地位和价值更加突出，主要是通过"概念透镜"来实现的。各相关学科在透镜的引导下均围绕特定的主题概念而展开探究活动，主题在学科之间的聚合性得到进一步的增强，实践中不同学科围绕某些大概念组织跨学科教学单元进行教学，促进学生系统知识掌握。如通过"系统"来整合生物、社会科的某些内容为一个跨学科单元，通过"运动"来整合历史、公民科的某些内容为一个跨学科单元。课程实践证明，大概念的引入以及基于此开展课程整合有利于超越事实性、内容性知识，从而引导学习者形成高阶认知思维。

（三）主题的开发策略

主题的开发和设计过程，是在课程整合精神，尤其是在核心素养理论的指导下，依据主题开发的具体模式，将课程资源甚至是学生生活经验不断地从隐性、潜在状态转化为显性、正式的课程的过程。鉴于核心素养和相应课程整合的综合性，相应主题也将从原先的学科知识中解放出来，走向广泛的生活和社会经验之中。因此，如何从这样一个广泛的课程领域中选取学校课程主题，根据什么原则，依据什么步骤来对其加以筛选和界定，就成了主题课程开发过程中不得不回答的一个问题。

鉴于适切主题在课程整合中的价值，课程开发者在进行选择时应该考虑以下几个问题：所设计主题适切学校教育目标和年度目标的程度；主题适用于各类整合模式和概念活动整合的程度和适切性；主题与学生的实际生活及其转化为能力的适切程度；主题对增进学生自我形成和理解乡土民情、社区文化、国际观的程度；主题引发学生自主学习、探究主题行动的程度；主题活动得到行政、家长和社区的支持程度；主题课程实施时是否配合时令节庆、民俗活动、学校或社区活动。主题分析和开发的步骤可以从宏观和微观两个层面着手。对于宏观的主题内容的开发和确立应该根据课程目标，广泛动员各方面人力资源，采取因地制宜、扬长避短的方法，使主题确立既符合当地社会政治经济发展的实际需求，又符合教育教学的实际需要以及学生发展的期待，还要兼顾学科发展愿景。主题开发的具体步骤上，可以国外的制定课程文化资源选择的有效程序，并建立在必要而有效的课程文化资源普查筛选机制的基础上，构建课程整合主题的开发步骤，一般包括普查、筛选、培植、建设等四个步骤。

微观层面主题的开发主要涉及教学主题内容，也即教师和学生之间如何制定和开展主题教学的活动。教学主题活动的生成过程是由学生和教师以协商的方式共同选择和确定的，包括了对现象的概念提升；师生间的共同叙事；对问题的比较归类；横向沟通的协同教学以及促进论题的体系形成。在指向核心素养课程改革过程中，主题单元组合已经体现了课程综合化与统整化的走势，但主题教学内容的呈现方式也非常重要。按照福格蒂和约翰逊提出的"THEMES"主题课程程序，主要包括以下几个基本步骤。

（T）思考主题：产生、组合出多个主题，将这些主题顺次集中在一起。

（H）处理目录：把这些主题分为三类：概念、话题与问题。

（E）推断标准：思考每一个主题为什么有价值，并总结出应遵循的使用标准。

（M）使用主题：反思可能遇到的障碍，提出一个问题作为主题的中心。

（E）展开活动：设计一系列切实可行的活动，陈列出适宜的学习情境。

（S）选择目标和评价策略：描述目标和计划，协调行动和价值目标，决定评价策略。

综合已有实践和相应的研究成果可以看出，无论是宏观层面课程主题的开发和设计，还是微观层面主题教学活动的开展，大多包括以下三个环节：选择和确立主题的具体内容；制定和实施主题的具体路径；补充和修正主题的后续发展。主题自身的日趋完善和科学甄选以及其教育功效的发挥，都必须以学生发展核心素养培育为中心，以跨学科整合理念为指导，通过系列的迭代过程才能得以实现。

第四节　指向跨学科素养培养的学校课程转型

一、跨学科素养的培养

（一）学科素养和跨学科素养互为补充

跨学科素养是由"跨学科"和"素养"两个语素构成的复合词，目前对此没有统一的内涵界定。学界广泛引用的是曼西利亚（Mansilia）的定义，即跨学科素养是面对超越单一学科范畴的复杂问题，比如解释现象、解决问题或创造产品时，整合两个或者多个学科知识、方法以促进认知发展的能力。有学者指出跨学科素养应该包括跨越学科边界的意愿、使用不同的学科知识以及理解互动与对话等组成要素。综观已有相关定义可以发现跨学科素养是综合两个以上学科的概念、思维模式和探究技能，指向获得跳出单一学科问题的新认知的多维整合能力。因此，在教育领域探讨跨学科素养是对核心素养内涵及其要素的进一步丰富和延伸，强化作为学科素养互为补充的认知。

学科素养和跨学科素养不存在认识发展先后和程度深浅问题，它们是不断互为支撑的，是相互依赖的共生体，共同作用于人的持续发展。倡导跨学科教学专家普遍认为学科教学和跨学科教学互为支持和促进，学科教学有助于促进学生理解从经验水平转化为学科水平，但这只是初级水平的理解，而跨学科教学则有助于学生理解从学科水平走向交叉学科水平，也即促进学生在学科学习中的知识获取、思维方式、问题解决能力，这是进一步深化跨学科的思维能力与学会学习的技能的重要转向。因此，目前在学校层面课程开发虽然维系着科目化的组织形式，但具体到课程标准、方案、实践层面上，应该将跨学科素养有机渗透到日常的学科教学中。

（二）基于跨学科素养培养的学科课程问题反思

跨学科素养中的大多数素养同时具有"形式训练"和"实质训练"的特征，其自身培育的特点使它不可能离开学科素养而单独存在；剥离跨学科素养的渗透，单一的学科视角看待素养，有可能失去素养对"人"的未来性、整体性考查的特征，使学科素养的培育忽略"人"的存在。但审视目前学校课程设置可以发现，分科课程容易以本学科的知识与能力作为逻辑起点，忽略跨学科素养的多维整合特征，强化每一门课程都要建立自成体系的学科核心素养的思维而忽略跨学科素养的错误认识，容易强化围绕学科创设学习情境而忽略多元问题驱动学生学习的多重思考，无助于学科知识的灵活迁移和运用，使跨学科素养处于不利地位。这一现象源自学科课程和跨学科课程建立的理论追求。

核心素养作为一个整体性概念，强调来自不同学习领域、不同情境，学科主题和相应课程资源只是促进人发展的重要素材，教育行为只有将不同学科的知识与能力关联起来，运用到具体情境中，才有可能提升学生整合不同学科知识的能力，形成不同学科素养，在综合情境下通过问题解决形成个人发展的核心素养。鉴于此，跨学科素养培养应关注学生创造性解决复杂的、不确定性现实问题的能力以及整合学习能力，综合运用跨学科的知识、技能、价值观念和意识。这种课程与教学理念需要以"整体论"的思想为指导，将学校课程建构在"关联性"和"统整性"基础上，将教育活动瞄准"关联""整体"的课程和教学行为，探索与核心素养自身特征相契合的一般的思维方式和研究策略，透过真实情境中问题解决能力来培养和测查学生核心素养的发展水平；"向内"关注学科内部纵向衔接，"向外"寻求学科间的联系，通过跨学科素养课程重心转移来协调和解决原子分化论与整体关联论之间的矛盾，从而解决先有学科素养才能有跨学科素养的错误思维，形成学科和跨学科间互补的素养结构，构成支撑学生自我发展的整体框架。

在课程开发的指向上存在发展非复用性技能与复用性技能的对立，割裂了课程育人的整体性。麦里恩伯尔根据复杂认知技能学习是以整体行为绩效来体现的这一发现，将认知技能划分为复用性技能与非复用性技能。复用性技能是不随整体任务难易情况而变化的技能，即完成学习任务和迁移任务之间相同的技能，如规则的运用等。对学生而言能否自动提取相关的规则或解题方法解决某类学科内部的问题是关键，其外在表现为自动化。这种技能的培养和原子论思想指导下的分科课程高度契合。为了帮助学生自动提取规则，教师在分科课程开发和实施中，会刻意强化领域知识和技能培养，教授一些可操作性的解题招式和相应模板，以便学生直接运用。这种解题招式和技巧发展了学生的复用性能力，促进学科知识的掌握，但很难促进知识和技能迁移的发生，在发展非复用性能力方面有较大局限性，导致学生对充满不确定性情境问题的解决往往束手无策。

而非复用性技能是指随整体任务难度和具体情境或条件的不同而变化的技能，是学生在完成学习任务和迁移任务时产生的不同技能，如问题解决与推理能力等。非复用性技能的培养需要给学生呈现具体的、真实的、有意义的整体任务情境，也因此成为跨学科课程构建的理论支撑，在课程开发中要求设计指向高阶思维的学习任务，引导和促进学生在具体情境中建构新认知图式，进行有意识的概括与归纳、推理与总结。非复用性能力培养需要相应课程关注学生对信息的获取能力、解释加工能力以及推断能力等。这些技能要求学校课程开发密切联系学生未来生活，要求教师将复杂开放的现实情境、有意义的真实任务作为培养学生核心素养发展的重要依托，为未来生活而教，为学生可持续发展传授必备能力。

二、跨学科素养培养的课程转向

（一）高度重视学校课程综合化设计

重视综合实践活动课程的开发和实施，促进个人经验进入学校课程体系，是提高学生跨学科素养，进一步课程综合化程度和实施质量的重要方式。综合实践活动是从学生的真实生活和发展需要出发，从生活情境中发现问题，转化为活动主题，通过探究、服务、制作、体验等方式，培养学生综合素质的跨学科实践性课程。因此，各级教育行政主管部门应该自觉将其作为基础教育课程体系的重要组成部分，进行系统规划，与学科课程并列设置，加强统筹管理和指导。学校在课程综合化开发和实施中应处理好综合实践活动课程的预设与生成关系，综合实践活动课程与学科课程关系，综合实践活动课程与专题教育关系等。教师在开发和实施课程综合化过程中应以培养学生跨学科素养为导向，面向学生的个体生活和社会生活，注重学生主动实践和开放生成，开展多元评价和综合考察。

学科课程"生活化"是促进学生日常经验更多地融入学科课程的重要途径。实践表明课程的生活化设计有助于协调与解决课程理念和目标整体关联论与原子分化论之间的矛盾，有助于跨学科素养的培养和评价。让教育回归生活是当下教育改革的重要理念，而学生跨学科素养发展的特性决定了基础教育必须与生活相融合，把学生的日常生活、感性经验渗透到课程设计、组织、实施中，把富有教育价值的生活内容融入课程、教学和评价中，强化课程的育人价值，使课程充满生活的气息，从而促进学生生命成长。在呈现作为知识与技能的数学结果的同时，重视学生已有的经验，使学生体验从实际背景中抽象出数学问题、构建数学模型、寻求结果、解决问题的过程。该标准规定要将学生的经验与体验要求贯穿于整个数学学习的过程，从社会经验中学习数学。

（二）主动开展整体性学习

相对于知识掌握，跨学科素养具有以下明显特征：一是复合性。每一项跨学科素养都是复合的，而非单一元素构成的，是由内涵的知识、技能、情感、态度、价值观等多维的综合体。一方面表现为学生学科素养具有内在通约性，另一方面表现为对真实、复杂问题的解决需要的多种能力综合。因此其培养不可能通过多个单项能力培养相加而实现综合培养。二是持续性。跨学科素养的形成是终身学习的结果，不可能一蹴而就，它随着学习深入呈螺旋上升式的发展，允许在不同学段学生同一核心素养所要求达到的水平不尽相同。而这一素养一旦获得，会对学生的终身发展与社会可持续进步产生持久影响。三是内隐性。跨学科素养很多的时候表现为一种对工作和生活的胜任力，是隐含在具体情境中的，只有通过真实问题解决和面对挑战时才会显现出来，并在此过程中得到培养和凝练。跨学科素养的三个特点给传统教与学方式带来了挑战：复合性要求改变学习单维度开展深度学习；持续性要求改变学习的碎片化开展综合化学习；内隐性要求改变学习与实践生活的脱离，强化习得的价值和功能。这种多维化、结构化、情境化的学习，即整体性学习。它相对机械学习，建基于知识的关联，目的是帮助学生主动打开各种感官，完整地理解、记忆和灵活应用知识并形成系统的知识体系，完善充满个性特色的精神图式，从而解决复杂现实问题。

整体性学习的多维化要求教育教学活动把学习者视为一个完整的人，调动学生学习的积极性和主动性，开展全程育人活动；尊重学生的学习个性和内在兴趣，允许不同类型的学习者以自己擅长的方式主动参与各类学习过程；强调各感官之间的化合反应，而不是简单的累积和整合，通过良好的身心体验促进知识和情境的内化。整体性学习的结构化，旨在强化不同学科知识的联结，形成有机网络，体现课程内容的逻辑关系，反映概念的序列，引导学生形成动态的开放的学科素养。这些对教师开展课程与教学活动以及学习辅导带来挑战，要求教师具有较强的学科理解力，深化对学科大概念、学科结构、学习进阶、学科情境等方面的理解；准确地把握学习规律和学生需求，将教育教学活动建立在学生的最近发展区上，从而使新知能够顺利嫁接、内化到学生原有的认知结构中，把不同学科的零碎知识变成相互联系的统一整体，形成问题解决能力，重构学生认知结构；整体性学习的情境化旨在促进学生在一种特定的境域里理解、探索乃至创造知识，形成素养。这种情境是完整的情境、全情境。

跨学科素养培养的情境化首先要对教育教学活动赋予情感，通过赋予知识、技能、认识以情和境，使其具象化、情趣化、生动化，以便迎合学生情感需求，激活其活力。其次要强化教育教学活动行为的包容性。情境设计要考虑学习者的差异性、知识情境化的多重可能性及其价值，尽量让所有参与者在最大限度上体验到它的存在和力量。再次要强调情境的真实性。跨学科素养源自未来的不确定性和复杂性对人的认知与能力的新要求，内涵跨学科知识、人际互动和可迁移技能等，需要营造真实而复杂的情境，并在开放的、流动的、连接理论与生活经验发展的空间中健康成长。鉴于此，整体性学习活动的开展要求教师要有跨学科交融意识，运用跨学科视角和整合策略促进学科知识、技能和态度在问题解决中相融；对学生的学习开展有针对性的指导，运用全息策略从每一节课出发，将"完整的人"的发展作为教学目标、内容与方式确定的依据；帮助学生搭建知识网络，运用开放策略，弥合生活经验与抽象理论的断层，带领学生超越传统学科知识结构与逻辑体系，形成跨学科素养。

三、跨学科素养培养的路径

（一）推进跨学科课程整合

改变课程过分强调学科体系、脱离时代和社会发展以及学生实际的状况，一直是课程发展的重要议题。学校可以利用综合实践课程或探究型（研究型）课程的实施，具体践行跨学科课程理念和相关方案；也可以与专业机构合作，利用社会资源，在寒暑假开展跨学科研学旅行课程以及在学生社团开展跨学科课程。学校的课程体系要给跨学科整合课程留有一席之地，以便为学生跨学科素养培养提供便利。学校要积极探索基于情境、问题导向的互动式、启发式、探究式、体验式等课堂教学，注重加强课题研究、项目设计、研究性学习等跨学科综合性教学，认真开展验证性实验和探究性实验教学。这一文件再次明确跨学科素养培养的重要性，为全面深入开展跨学科课程整合吹响了号角。

协作教学，主要是指由两名或两名以上同一学科或不同学科的教师组成教学小组，通过共同研讨、备课开展教学及评估活动，发挥不同教师的知识和能力优势，打破教师知识壁垒，以便提高教学效能。协作教学有助于增进教师之间的互助合作，促进教师的专业成长。协作教学的开展主要通过小队式备课、协作式施教、互动式方式和共同管理加以完成，以便观照学生不同需求，培养学生整体思维水平和跨学科能力。

主题整合是另一种加深学科知识横纵向联系的形式，即围绕同一主题将不同学科聚合在一起，从而打破不同学科知识固守的学科边界，实现不同学科的知识相互交叉。主题整合的常用模式是鼓励学科渗透，促进学科知识的互动和对话。在具体实施中，主题整合教育主要围绕某个社会问题，建立各学科间关联性联系，促进知识不断融合。

第三种促进知识横纵向联系的方式是以综合课程带动课程整合促进学校课程知识和价值的全面融合。即构建出一门新的更加综合的课程，直接打破知识的原有学科分类和身份。

(二) 促进课堂教学深度转型

1. 教学目的要从"学会"转向"掌握问题解决能力培养"

如果说核心素养目标规定了学生应当获得什么样的关键能力和必备品格，那么课堂教学活动就是在回答如何才能使学生通过学习活动具备这样的能力和品质。通过核心素养的内涵界定可以看出，指向跨学科素养培养的教学就是要"基于能力""为了能力"开展教学设计和实施的实践活动。但具体的教育过程中，对素养的误解导致教学目标偏离教育目的，成为知识灌输的过程，用掌握的知识量来衡量教学目标达成。为此很多教师就采用增加"繁""难""偏""怪""深"的教学内容来教育学生，引导学生关注精深知识的掌握，而忽略知识背后素养的培育。由于核心素养是"行为指向"或"实践导向"的，是面向未来的，以跨学科素养为目标的教学应该是理解性的，关注问题解决能力。尽管知识是能力的载体，是核心素养的重要组成部分，在充满不确定性的信息时代，教育的最终的产品和指标不应该以掌握知识多少来衡量，而是通过问题解决学会学习。学会学习是跨学科素养的重要组成部分。因此教学的目的应该超越知识本身，根据学生能力发展的水平，进行有针对性的教学干预，掌握学习方法，调动学生各种感官，在特定的境域中探寻知识的完整结构和全貌并构建知识网络，知晓学科间的内在联系，提升跨学科思维，即教会学生"会学"。

2. 教学内容要从"抽象化"转向"情境化"

虽然跨学科素养的课程开发和教学实施无法脱离知识，但必须摆脱纯粹按照客观知识的逻辑体系，以抽象化、符号化的形式和学科化语言来选择和组织教学内容的倾向。跨学科素养的综合化要求教学内容不能囿于抽象的学科概念和原理规则的传授，应该在民主基础上进行情境化开发和设计，开展基于问题情境的课程实施，避免剥离应用情境的教学陷入具体的、细枝末节的学科知识点教授过程，阻碍学生跨学科素养的发展。为了能全方位地发展学生的跨学科素养，除要使教学内容尽可能地与每种能力保持匹配外，更重要的是在教学内容选择中观照那些不确定因素以及非复用性内容，以便学生应对未来社会生活中的不确定性。

不过，教学过程中为学生提供的新信息应该将知识融于情境，将知识嵌入情境，促使学生借助慧眼加以判断和选择，形成创新和迁移能力。通过理解性的概念教学，促进学生生活世界与科学世界之间的有效互动，形成解决问题的能力，培养跨学科素养。教师要从"书本知识的传递者"转向"支撑学生学习的教练"，指导和见证学生跨学科素养的发展。

3. 教学评价结果运用由"客观呈现"转向"动态干预"

核心素养的评价是教学改革的一大挑战，但目前的基本共识是对其评价不应该停留于一个静态的分数或成绩的呈现，而应该从素养的综合性和迁移性特征出发，将相应的评价结果作为"证据"和改进教学的"起点"，从而更好地发掘学生的潜能和优势。评价结果不仅仅要用来表征学生知识和能力的欠缺情况，更重要的是，应使评价结果动态化，将其视为一种诊断分析资料，并据此进行适当的教学干预，提高教学效能。对于记忆能力，教师应考查学生是否会有意识地运用各种学习策略帮助自己记忆，是否能有意识地对自己的记忆状态进行评估和调控，以便提供具有针对性的记忆方法和营造理解氛围。对于理解能力，教师需要关注学生的理解方法和程度，以便训练学生多种形式地转化信息策略，为综合问题解决能力培养奠定基础。对于运用与实践能力，教师应判断学生能力处于认知层面的知识掌握还是实践层面的知识运用，以便提供学生选择程序和方法所需要的线索。创新与迁移能力的评测，教师应该关注学生的逆向思维、跨学科思维发展，以便在教学中创设有利于学生形成跨学科素养的民主、开放的环境，引导他们主动发表自己的见解，鼓励开展深入探究活动，从而摆脱经验型思维、从众型思维、直线型思维等消极思维方式。

（三）提高教师跨学科意识和能力

目前促进教师加强学习，提高跨学科素养重要手段之一是改善教师教育方式转型，形成促进教师跨学科素养机制的形成。为此，教育行政部门和学校领导，应该多形式地促进不同学科教师通过合作设计跨学科课程，开展协作教学，打造教师专业发展共同体，减轻不必要的工作负担，营造宽松工作环境，使其全身心投入到跨学科课程研究和实施中。鼓励教师通过做中学方式提高自己的跨学科素养。教师缺乏对与情境相联系的学科问题进行深入探究的能力，将直接影响到学生跨学科学习成效。我国教师跨学科素养培养应该汲取其他国家教育模式的优点，改变教师作为单一学科专业人员的特征。

对教师而言，首先要通过自修和研究，深刻认识跨学科及其相应能力培养的内涵，理解跨学科是知识生产和学生发展核心素养培育的新途径，是对传统学科的有益补充和扬弃；主动探究跨学科素养培养的重要途径，建立学科间联系的枢纽和桥梁；学习应对人类经济、文化和社会问题复杂化的有效方式，培养创新型人才。其次要通过反思构建整体课程观，自觉运用整体论指导自己课程与教学设计，强化对跨学科素养培养活动的知识整体性、学习整体性和教学整体性的认知和认同；自觉将课程与教学的"科学理性"的设计定位在促进知识和能力（尤其是跨学科素养）回归学习的复杂性、真实性本质，而不是将复杂学习问题简单化处理；在课程与教学实施中促进学生把知识、技能和态度协调整合，聚焦于真实情境的整体学习任务，形成解决实际工作问题的跨学科素养。

第四章　基于核心素养培育的课堂教学

第一节　基于核心素养培育的课堂教学设计

核心素养是学生应具备的最关键、最必要的基础素养，它是知识、能力和态度的综合表现，是具有发展连续性和阶段性的，最重要的是可以通过接受课堂教育来形成和发展。课堂教学是培育学生核心素养的主要渠道，为此，必须深化课堂教学革新，从优化教学设计入手，在课堂教学设计的各个环节上想思路、找对策。

一、着眼核心素养解读教材

（一）着眼核心素养解读教材的本质

目前，教材编写政策是一纲多本，不同版本的教材如何做到既反映核心素养理念，又各具特色，这是一个难题。不可否认的是，各个版本的教材质量并不均衡。这就对一线教师如何以核心素养为着眼点解读和处理教材提出了不少的挑战。

核心素养视域下的教材解读要求教师解读教材的时候应该站在核心素养的立场，时时处处把培养和发展学生的核心素养放在首位，努力发掘教材中的核心素养，并加以整合。例如，"学会学习"是核心素养的重要组成部分，核心素养视域下的课堂应当是学生自主学习的课堂。为此，教师必须为学生提供最适合自主学习的材料。学生在课堂上自主学习的材料包括教材、学习辅导材料，它们在学习材料中占有重要地位。研究表明，现行教材大部分并不具备自主学习式教材的特点。教师解读教材时，就要思考如何把学生的学习方式放在首位，对教材进行二度开发，使提供给学生的学习材料更加简略化、结构化、简易化、丰富化。

再如，文化基础也是核心素养的重要组成部分。文化基础离不开文化知识，教师解读教材就必须研读课本所承载的信息，领会编者的设计意图，牢牢抓住核心知识，把握对象的本质属性，不断研究学科知识的内在逻辑关系。总之，教师解读教材的着眼点是为了真正实现学生的可持续发展和终身发展而努力将核心素养的培养切实有效地落实到课堂教学中来。

核心素养视域下的教材解读要注意上下勾连、纵向贯通。教师要深入研究每一节的内容在本单元中所处的地位，与本单元其他课文、章节之间的联系，甚至还应该考虑本章节的内容与本学期、本学年乃至本学段其他课文、章节之间的联系，这样才能从整体上把握和处理教材。

核心素养视域下的教材解读要求教师以发展的眼光解读和使用教材。全国教材丰富多彩，有人教版、鲁教版、粤教版、苏教版等多种版本。不同版本教材的理念是相同的，都可以追溯到发展学生的核心素养上。学生生活随时代的发展而变化，学生的学习过程也是动态开放的，教材也必须是发展的、开放的，所以教师不能机械生硬地"教教材"，而应该灵活有效地"用教材教"，这样的教材解读才能真正为学生的核心素养培养服务。

总之，核心素养视域下的教材解读要在研读核心素养基本理论的基础上，以有利于学生学习发展为原则，创造性地处理教材，努力发掘和整合教材中的核心素养，要整体把握教材的内在联系，避免重复、低效的教学，从而提高学生学习的效率；同时厘清教材的内在逻辑，联系学生的生活实际，结合教师自身的性格特点，绘制个性化的教学路线图。这是教师上好课的前提条件，也是学生进行有效学习从而提高核心素养的前提条件。

（二）着眼核心素养解读教材的关注点

1. 关注学科知识的双层意义

教材中蕴含着丰富的学科知识。任何学科知识就其结构而言都可以分为表层结构（表层意义）和深层结构（深层意义）。表层意义主要指知识所直接体现的学科内容。深层意义是蕴含在学科知识内容和意义之中的精神、价值、方法论以及生活意义。表层意义存在的方式是显性的；深层意义存在的方式是隐性的，是学生素养形成和发展的根本。

核心素养视域下的教材解读要求教师关注学科知识的双层意义，尤其要关注知识的文化意义。解读教材就是要通过语言文字深入文本内核，准确理解文本的深层意蕴。教师要关注学科知识的双层意义，就需要通过一定的方式和途径不断提升自己的文化底蕴。

2. 关注教学起点和后续知识

核心素养视域下的教材解读，要求教师关注教学的起点和后续知识，在解读教材的同时解读学生。在设计教学环节时，教师要链接学生的原有知识，重温与新知识相关的基础知识，重点分析旧知识和新知识之间的联系，把教学起点放在学生的最近发展区，以便更好地同化或顺应新知识，从而满足学生的学习需求，并激发学生自主学习的积极性与自觉性，使其核心素养得到有效发展。

3. 关注落实核心素养的重难点

读懂每节课的教学重点和难点是实现有效教学的关键，因为它将直接影响学生的学习效率和效益。因此，核心素养视域下教材解读的关键是读懂体现核心素养的教学重点和难点。为了更好地读懂教学的重点和难点，教师应认真解读与新知识有关的知识技能基础、后续知识和学习障碍，做到"到位"但不"偏位"和"越位"，既符合学生的认知规律，又围绕教学重点，还有效突破教学难点，让教学更有效。

二、着眼核心素养确定教学内容

（一）着眼核心素养取舍教学内容

核心素养视角下教学内容的取舍和确定要求教师深刻理解核心素养的内涵，准确把握我国学生发展核心素养基本要求的文化基础、自主发展、社会参与三个方面，人文底蕴、科学精神、学会学习、健康生活、责任担当、实践创新六大要素，以及十八个具体要求。

为了能够切实按核心素养视角取舍和确定教学内容，教师必须认真学习专家关于核心素养的阐释，借鉴先进的教学理论，结合自己的教学实践，把教学内容的确定落到实处。教师应考虑以下几个问题。

①确定教学内容的依据还是课程标准。强调三维目标时,我们的依据是课程标准,核心素养视域下的课程标准也是确定教学内容的依据,教师要认真研读,领会精神,让教学内容符合新课程标准的基本要求。

②认真解读教材,充分领会编写者的意图。教师要认真解读教材,充分领会编者的意图,也就是领会为什么要学习这些内容,为什么要在这个阶段这个章节学习这些内容,要凭借它学习哪些知识、技能,培养哪些品质,发展哪些核心素养,可以用怎样的方式学习这些内容,这些内容前后之间有何联系。只有认真读懂这些问题,才会领会编者的意图,设计的教学内容才不至于偏离核心素养。

③依据学生学情,确定教学内容。所谓素养,就是学生把学校所学的知识忘掉后剩下的东西。剩多剩少,就看我们的课堂教学。在高效的课堂教学中学生剩下的素养,特别是核心素养就多,否则就少。课堂教学是否有效、高效,主要看学生是否积极主动地参与学习,也就是教育家认为的学习的在"场"性。这种主动学习,也即在"场",是与学生的认知水平、已有知识、生活阅历、兴趣爱好、个人意义相联系的。离开了这些就不在"场",就不会有学习发生。不考虑学生的这些学情,教师的"教"就起不到作用。特级教师于漪说过:教师的立足点要从习惯性以"教"出发转换到以学生的"学"出发,要充分考虑学生的实际,考虑他们想学什么,怎么学,学的过程中会遇到哪些障碍,怎样帮助学生解决这些问题,怎样才能使他们发挥积极性,让他们有主动学习的时间和空间,怎样才能挖掘学习的潜能,有所发现,有所创造。要从以教师的"教"为主,转到以学生的"学"为主。

因此,在取舍和确定教学内容时,一定要充分考虑学生的学情,考虑他们的生活环境、年龄段特点、认知方式,甚至地域特点。要从学生的学习需要、学习兴趣、情感体验,以及学生学习的思维四方面考虑,确定合宜的学习内容,提高教学的有效性。

(二)着眼核心素养的教学内容关注点

1. 关注学生核心素养的全面发展

学生发展的核心素养是适应个人终身发展和社会发展需要的必备品格和关键能力。在取舍和确定教学内容时,一定要从整体上把握人文底蕴、科学精神、学会学习、健康生活、责任担当、实践创新等核心素养，通过知识、技能、情感态度和价值观多维度呈现，不能只偏重一个或几个方面，而要全面考量，总体把握。

2. 关注学生对核心素养的发展需要

教育家苏霍姆林斯基说过：在课堂上教师不仅要想到所教的学科，而且要注意到学生，注意到学生的感知、思维、注意力和脑力劳动的积极性。苏霍姆林斯基强调的，简单点说就是根据"学生的需要"确定教学内容。当然，这里的"学生需要"分为主观需要和客观需要。

（1）主观需要

主观需要就是学生表现出的喜好，这种喜好有好的，也有坏的。比如学生喜欢玩耍，不喜欢学习，喜欢玩耍在教学中可以利用，但不喜欢学习就不能满足他们的需要了。

（2）客观需要

客观需要就是学生发展核心素养真正需要的教学内容，这些内容中有些是学生不喜欢的，但是因为客观需要，所以要用，而且要设法让学生喜欢。核心素养视域下确定教学内容，一定要处理好学生发展的客观需要与学生的实际情况、主观喜好之间的关系，做好联结工作，使核心素养的培养落到实处。

3. 关注教材的丰富性和拓展性

教材是死的教学内容，尽管它倾注了专家的心血，体现了核心素养的要求，但是任何事物都有一个丰富、发展、完善的过程，教学内容也不例外。虽然我们坚持用教材教，不脱离教材，但更鼓励教师对课程的创新和开发。

三、着眼核心素养确立教学目标

教育的最终目的是实现人的发展，因此，核心素养视域下的教学目标设计始终要以学生为中心，教师要对学生已有的知识和技能、经验和能力、情感态度和价值观有所了解，同时还要清楚地认识到不同年龄和班级的学生在生理和心理、认知结构、学习风格等方面的差异和特点。这样确立的教学目标才更符合学生的需要，才能实现发展核心素养的总目标。

（一）实现目标的定位转向

核心素养视域下的教学目标定位，应当从知识、能力定位向思维、智慧定位，从传授知识、培养能力定位向发展思维、启迪智慧定位，这样的目标定位才符合核心素养发展的根本要求。

（二）正确处理核心素养多元维度之间的关系

核心素养分为文化基础、自主发展和社会参与三个方面，综合表现为六大素养和十八个要点。由此可见，核心素养的内涵是丰富而全面的，因此，新时代的课堂教学不能仅限于对学生知识和技能的单一培养，而是包含知识、技能、情感态度和价值观等在内的多元维度。它们之间的关系不是并列的，不是交叉的，更不是相互割裂的，而是相互紧密地联系在一起的。

在设计教学目标的过程中，要处理好核心素养多元维度之间的关系，以全面促进学生核心素养的提升。

（三）明确提出核心学习任务

核心素养视域下的课堂教学主张开展基于任务和项目的学习活动，这就要求在设计教学目标时，必须让学生明确具体的学习任务，这样的教学目标更能促进学生核心素养的发展。

第二节 基于核心素养培育的课堂学习指导

核心素养不仅指学生应具备的知识与技能，更重要的是获得知识与技能的能力，还包括运用知识与技能的能力。因此，课堂教学要提高效率、关注效能，做"正确"的事。也就是说在教师的课堂指导下，学生要优化课堂学习过程，主动地、有目标地学习，从而获得能力与品质。

一、建构学习中心课堂

学习中心课堂是指以学生学习活动为整个课堂教学过程的中心或本体的课

堂。在学习中心课堂中，要尽可能让学生独立地学习。在学习中心课堂中，教师的教导作用仍然是不可缺少的，但教导在教学过程中的地位和功能要进行调整，即要调整为引起和促进学生能动、独立和有效学习的条件或手段。

（一） 以学习为本的教学理念

教育（特指学校教育）从本质上讲就必须是以学定教的，这种本质不因时代、地区的差异而有所区别。教育就是一种有教师参与帮助的学习，教师必须依据学生的学习规律和学习状况安排自己的工作，成为学生学习的帮助者、促进者。学是教的起点，也是教的终点。

目前，大家所说的以学定教、为学而教或以学评教，其实都是教育本质的必然要求。特别是在学习型社会建设的背景下，孕育了"以学习为本"的新动向。教学始终贯穿着对学习的重视和尊重。

1. 学习的本质

关于学习的本质探讨，学者和一线教师在课堂教学理念方面已经形成了共识，以学生为中心、关注学生的全面发展、以学生为主体等教学主张被广泛认同，但在教学实践层面仍不尽如人意，课堂的真实状态仍然表现为以教师为主导，学生的学习权利被剥夺，"以学习为本"的课堂没有真正建立起来。

人是教育的目的，但传统课堂教学看不到人的存在。教学以固化的知识学习为目标，将学生看作工具人，人的情感和价值需要得不到真正的体现。在以学习为本的教学中，学生是作为精神实体出现的，是作为人的身份而存在的，学生在课堂上有思考的权利、有自主学习的欲望、有情感不断得到满足的需要。因此，课堂教学革新必须回归到对学生本身的关注上，赋予学生应有的学习权利和自由，让他们在教学生活中展现生命的价值。

学习的过程是不断赋予生活以意义的过程，随着学习活动的展开，学生不断扩大着自己认识的边界。行为主义心理学认为学习是刺激与反应之间联结的加强，认知学派则主张学习是认知结构的改变，人本主义心理学派认为学习是自我概念的变化。这些观点都从不同角度揭示了学习的特征，有助于教师更好地组织学生的学习活动。但问题在于，这些观点都侧重于从结果的维度阐释学习，而没有从过程的维度阐释学习的内涵。学习的过程不仅仅是学习者知识的不断积累，还应包括情感、态度、价值观的改变。在学习中，学习者建构客体与自身的关系，建构未知世界与既知世界之间的关系，也建构知识与知识之间的关系。这种建构本质上是学习者与外在环境之间的相互作用，学习者的学习具有不可替代性。因此，必须改变传统教学中教师讲授、学生被动接受的局面，真正建立起以学生的"学"为主要内涵的课堂教学样态。

随着以学习为本的课堂教学主张被广泛认可，对其内涵以及实践样态的认识还需进一步深化。以学习为本的教学有着怎样的意旨，如何将以学习为本的理念转化为有效的教学实践等，这些问题都需要进一步探讨，以真正促进教与学关系的转变，实现课堂教学的根本性变革。

2. 以学习为本教学理念的实施策略

（1）教学应服务于学生的学习

教学是一门地地道道的助学艺术、促学技艺，有利于加速学习活动的进程、提升学习的效能、增进学习的深度、优化学习的品质。只有在学习发生的地方才需要教学，教学存在的目的是引发学习、解放学习、维护学习以及增强学习。"学"是"教"永恒的服务对象，一切教学的概念、原理、现象皆根源于学习，都无法与"学"割裂开来。

"为学而教"是教学的内涵。教学只是学生学习过程中的一个附加因素。教学的一切价值与意义都体现在它对学生学习活动的积极改变所做出的努力中。学习活动的多面性、多层性决定了教学活动的价值指标体系。学习是过程与结果的统一，是目标与行动的复合，是动力与智力的交汇。

（2）学习是教学的原发性动力

如果课堂教学缺少了学生的学习，就像是丢失了灵魂的躯壳。因此我们必须要找到教学的原发性动力，那就是学习。

（3）教是为了达到不需要教

我国学者认为，教是为了达到不需要教。"不需要教"是因为学生有了自主学习和学以致用的本领，即展卷而自能通解，执笔而自能合度。这显然是教导我们走"以能力为重"的路子。能力总是在活动中表现出来并通过活动不断增强和发展。学生的自主学习和自我发展的能力只能在学习活动中提高。

（二）以素养为重的教学转向

1. 转向意义建构

"讲"，如果指的是讲授方法，那是无可非议的，因为没有一个教师在课堂教学中不曾用过讲授方法，也没有一个教师在教学中可以不用讲授方法。美国心理学家奥苏贝尔（David Pawl Ausubel）主张有意义的言语接受学习。在他看来，言语讲授的实质是建立新知识与学生原有知识经验之间的联系。新知识的获得主要依赖原有认知结构中适当的观念，并通过新旧知识的相互作用而实现知识的"同化"。因此，讲授的主要任务在于说明新旧知识的关系和联系，弥补学生原有经验的不足，剖析新知识自身各要素之间的关联。

当代的建构主义认为，知识是人类认识活动的成果，而这些成果是不可能像商品或什么东西那样，可以任意地给予、奉送或告知的。知识只有通过学习者运用自身的经验予以解释才能获得其意义。因此，教师必然要从授予者变为促进者。教师的讲授表面上好像是在传授知识，实际上只是在促进学生自己建构知识的意义而已。

2. 转向对话交流

从课程实施的角度看，教学是教师和学生以知识为背景，以语言为中介的一种交流。教师与学生各自凭借自己的经验，用各自独特的精神表现方式，在教学过程中通过心灵的感应、意见的交换、思想的碰撞、合作的探讨，实现知识的共同拥有与个性的全面发展。在这样的教学中，课堂已不再是教师"自弹自唱"的舞台，也不再是一个个学生张开口袋等待灌注的知识回收站，而是生机勃勃的思维活动的广阔天地，是浮想联翩、精神焕发和创意生成的智慧的沃土。在这种课堂学习中，别人的信息为自己所吸收，自己的经验被别人的看法所唤起，不同的意见在撞碰中相互同化，于是，每个人的经验都得到了改组和改造。

3. 转向合作学习

合作学习在改善课堂气氛、大面积提高学生的学业成绩以及促进学生非智力品质的发展等方面实效显著，很快就受到了世界各国的普遍关注，并成为一种主流的教学理论和策略。美国著名教育评论家埃里斯（Ellis）和福茨（Fouts）认为，如果让我们举出一项真正符合"革新"这个术语的教育革新的话，那就是合作学习。美国教育学者沃迈特则认为，合作学习是近十几年来最重要和最成功的教学革新。

（三）以潜能开发为目标的教学实践

1. 唤起内发动机

动机是直接推动一个人进行活动的内部动因或动力。对于如何激发学习动机和调动学生的学习积极性，教学设计专家们曾经进行过一系列的研究，如凯勒（Keller）提出的 ARCS 动机模式就包含激发和维护学生注意力、突出针对性、建立自信心、创设满意感四个因素。沃特科沃斯基的 TC 动机设计模式则把主要动机因素置于连续的教学过程中加以考虑。他提出，在教学中，开始阶段相应的动机因素是态度，教学展开阶段的相应因素是刺激，教学结束阶段动机的相应因素是能力。斯皮策（Spitzer）的动机情境规则强调，有效学习的发生取决于以往的学习体验及现有学习情境提供的诱因，应创设一个富于激励性的学习环境。

（1）吸引学生的注意

凯勒的 ARCS 动机模式提出了三种激发注意力的方法：一是唤起感知，即利用新奇的、不合理的、不确定的事情来引起学生的注意；二是引发探究，即通过激发或要求学生产生要解决的问题来刺激寻求信息的行为；三是利用变化力，用丰富多彩的教学活动引起学生的兴趣。

（2）激发内在的需求

人的绝大部分动机都是需求的具体表现，或者说是需求的动态表现，需求可以表现为兴趣、意向、意图、信念等。

心理学研究表明，由学生内在需求所引起的认识兴趣对学生学习的推动力是持久而强烈的。因此，如果能唤起学生的好奇心和求知欲、引发学生的惊奇感和认知冲突，就能激起学生的学习积极性。教育家巴班斯基在谈到如何引起学习成绩差的学生的好奇心和求知欲，使他们对学习产生兴趣时，建议教师采用能激发学生认识兴趣的方法。

（3）发挥目标的作用

学习目标是学生对学习结果的预期，具有很强的引导和激励作用。运用学习目标调动学生的学习积极性，就是要使学生明确学习的目的，即认识学习的个人意义和社会意义，并且设计出一步步逼近目标的合理而又可行的小目标，让学生在一个个小的成功的鼓舞下，始终保持适当的学习激情。

（4）利用成功的推力

教育家苏霍姆林斯基把给予学习者取得成功的欢乐看成教育工作的头条金科玉律。心理学的大量实验证明，学生的学习积极性同他们的成就动机以及与此相联系的抱负水平密切相关。因此，在教学实践中尽力去诱发学生的成就动机，提高抱负水平，使他们产生自我成就感，就成为一种很重要的激励策略。

2. 具身投入的活动

当代认知心理学提出的"具身认知"强调，从简单到复杂的各种认知活动，都需要脑和身体的共同参与。

（1）具身认知的主要观点

①认知根植于身体

离身认知基于传统的哲学二元论，将认知与身体视为两个独立的部分，无论是信息加工主义还是联结主义，都将身体排除于认知之外。从离身认知的角度来看，传统的认知科学并没有否认身体的重要性，只不过身体虽然重要，但它只是认知的生理基础，认知寄托于身体而非依赖于身体。然而，具身认知的提出让我们重新思考身体与认知的关系，将身体重新带回我们的视线。它强调认知绝不是脱离于身体的抽象过程，而是依赖于身体而形成的，身体的结构、状态会影响我们认知的结构、状态。例如，我们依托于身体形成关于"前""后"的概念，并拓展到一些抽象概念中，如"前进"的积极意义和"后退"的消极意义。这种抽象意义是通过我们的身体感知、理解到的。

事实上，尽管我们在介绍具身认知时会强调身体对于认知的影响，但具身的含义并不仅仅是身体影响了认知，它所主张的是思维、判断等认知过程本身与身体的感觉-运动系统构成了耦合关系，即身体是认知的基础，认知根植于身体，身体与认知相互影响。身体是认知的身体，认知是身体的认知。知觉、思维等认知过程与身体紧密交织在一起，在与环境互动的过程中组成了心智、大脑、身体、环境的有机整体。这里的身体并不只是物理身体的在场，而是身体整体的在场，包括了人的认知、情绪、情感、意志等。事实上，具身认知认为我们不应该将身体区分为身、心两部分，身体就是一个完整的整体。人首先通过身体的方式而不是意识的方式与外在世界产生联系，并且意识的、理性的分析和判断在很大程度上受到无意识的感觉运动图式的左右。

认知根植于身体也意味着一种整体性，这种整体性并非简单的身体与精神的相加，而是作为"身体本身"这样一种存在。我们的精神、意识，我们的躯体、肉体，我们的情感、个性、态度等都是这个"身体本身"的一部分。在具身出现之前，人们偏向于从"物"的角度来看待身体，在这个躯壳之内还有一个"我"的存在，那才是本质。但具身重新定义了"身体"的意义，不再以人为的标准来划分"身体"。在具身这里，"身体"是一个浑然的整体，我们既不是纯粹作为意识而存在的，也不是单纯的躯体，而是赋予身体最初的意义，身体就是我们自身，是"身体本身"的存在。因此，身体在与认知、环境的互动之中自然也受情感、态度等因素的影响。在具身认知研究中，国外的许多研究者都很关注身体、认知与情感之间的关系。无论如何，身体作为一个整体性的存在，无法忽视情绪、情感的影响。

②认知嵌入环境

认知是基于身体的，也是根植于环境的。身体与世界的互动促成了知觉和认知功能的产生。事实上，这一观点早在海德格尔的"在世界之中存在"的概念中就有所体现。认知并非一个孤立而抽象的存在，人们通过身体去感知世界、认识世界。身体作用于环境的体验是认知和思维的基础。传统认知主义把认知看作个体内部的私人事件，认为认知的过程是抽象的、孤立的、符号性的。而具身所认同的认知是嵌入环境之中的。我们不可能真空地存在，并不可避免地与世界进行互动。我们必然存在于世界之中，与周围的世界产生联系，不管是事、物还是他人。只要我们在这个世界中存在着抑或是存在过，都会给世界留下一点痕迹，也许微不足道，但确实存在着。人与人、人与物、人与环境都是相互联系、相互依存的整体。我们的身体生活在这个世界之中，我们的认知与行为就不可能脱离这个世界，即我们的认知无法脱离于环境。认知必须要置于它所存在的环境之中，我们的认知、身体与环境是一个完整的整体。

而具身所说的认知嵌入环境，也在强调这一整体的动态性、生成性。认知、身体与环境这一相互联系着的整体并非静态的统一体，认知在嵌入环境的同时，基于身体与环境的互动，会随着环境的变化发生改变。不同于信息加工理论将环境与认知的关系定义为线性的因果关系，具身认知下的认知、身体与环境是一种耦合关系，彼此之间相互影响、互为因果。这种耦合性也决定了具身认知是一种实时变化的连续体，而不是简单的"输入—加工—输出"，并且这种变化是主动而非被动的。认知并非被动地接受环境的影响，而是与身体作为身心统一的整体，在与世界的互动中主动地建构意义。

（2）具身投入的活动分析

①知、情、意融合

从活动结构的角度来看，人的各种水平的生命活动都是由活动主体需要、客体对象、目的、内容、手段与工具、行为过程、结果及调控机制等要素构成的。从活动水平的角度来看，人的生命活动由三个层次构成：最基础的层次是生理水平上的个体生命活动，第二个层次是心理水平上的个体生命活动，第三个层次则是社会实践水平上的个体生命活动。可见，活动涉及人与外部世界的相互作用，涉及个体生活的不同层面。从这个意义上说，课堂教学一定要促使学生全身心地参与和投入学习活动中。

新课程标准倡导学生主动参与、乐于探究、勤于动手。因此，应尽力推动学生自觉参与课堂教学活动。心理学研究指出，只有设法使学生参与学习任务，才能达到激励学生的目的。我国的研究者在国内外相关研究的基础上，对学生参与做了深入的研究。研究提出，可以把学生在教学过程中的参与定义为学生在课堂教学与学习过程中的心理活动方式和行为努力程度。学生参与主要包括三个基本方面：行为投入、认知投入和情感投入。

②口、手、脑并用

如果说活动的实质是"做"，那当然可以通俗地理解为动手、动口、动脑。所以单单劳力，单单劳心，都不能算是真正之做。真正之做须是在劳力上劳心。所以，口、手、脑并用才能有效掌握知识、发展能力。

事实上，获得知识的过程是一种"经验活动"。

正如美国教育学家索尔蒂斯（Soltis）所说：知识不仅仅是头脑和书本中所包含的东西，而且还包括我们参与社会生活时动手操作与行动中所包含的东西。以学知识与学做事应当融为一体。

口、手、脑并用在教学中是有机统一的。教育家维果斯基、列昂节夫的活动理论认为，行为、言语、意识本来就是统一的。心理学大师皮亚杰（Jean Piaget）也指出：人们的各种认识形式既不是来自感觉，也不是来自知觉，而是起源于整体行为，知觉在这一整体中只起着信号作用。

皮亚杰把获取知识的活动分为两种——以内在心理活动为特点的逻辑运算和改变客体的经验活动，并且认为正是这两种活动构成了我们科学知识的起源。在现实的活动中，人的内心活动同行为操作是相互联系和相互作用的两个方面，它们统一于同一活动过程中，而语言是其中的载体和调节因素。

③教、学、做合一

活动，特别是教学活动本身就是教、学、做的合一。知识、做事与做人是统一的，它的核心是实践。亚里士多德认为，实践就是善的实现活动，并且这个活动本身就具有善的品质。在善的实现活动中，人们逐步形成了支配自己进行选择的品质。一个人的实践活动怎样，他的品质就会是怎样的。

二、注重对学会学习的引领

（一）学会学习理念的产生及发展

追根溯源，学会学习理念是跟随着终身学习思想的出现而兴起并逐渐发展起来的。终身教育的思想理念被着重强调，面对随时可能会消失的岗位以及人无法一生只从事一种职业的情况，学习成为人的一种生存方式。有学者将终身学习与个人生命的外延、社会的各个方面紧密联系，再次强调了学会学习与终身学习密切关联。学会学习作为终身学习的基础，是促进学习化社会形成的关键。

在各个国家为应对21世纪挑战而构建的核心素养结构体系中，有一些框架直接将"学会学习"列入核心素养框架体系，而有一些则以间接的方式提及"学会学习"。

学生应能够在不可预测的复杂情境中创造新方法以解决问题，并且能够通过提供各种解释来帮助他人掌握复杂的概念、促进复杂对话延续和发展，将认知性能力素养与非认知性能力素养相结合。在瞬息万变的信息时代背景下，对社会未来人才的要求已从知识型人才向学习型人才转变。人才培养的主体和对象理应是学生，而学生的学习与发展水平是学人才培养质量的核心体现，也是教育内涵式发展的重要基石。

学生的学习与发展水平是其日后能否走向"成功的生活"与建构"健全的社会"的重要保障。从 20 世纪 90 年代开始，学会学习逐渐成为社会各界关注的新焦点，更是世界各国教育革新的新方向。由于迈向知识时代的进程不同，相比发达国家而言，发展中国家更加关注学会学习素养，更加关注工业化时代对于劳动者学习能力和科技素养的强烈需求。

（二）学会学习的概念

学会学习可以被理解为知识、技能、价值观、态度和性格的复杂组合，其支持并促进个人在整个生命周期中利用正式和非正式的学习机会成为终身学习者。学会学习素养对于 21 世纪的人来说是必不可少的。知识型社会需要不断地适应不同的工作方式和交流方式，不断地接收信息、与他人相处，并且要学会管理自己的时间，其中包括休闲时间。持久的学习是从事这些活动所必需的，正如终身学习的概念所表达的一样。这种学习被称为在生活中进行的所有学习活动，目的是在个人、公民、社会或就业的视角下促进知识、技能和能力的提升。

学会学习也被认为是一种促进积极公民身份、就业能力、国家经济和社会发展的手段。欧洲委员会将学会学习定义为积极主动地继续自己的学习、调节学习、管理个人和团体的时间和信息的能力。而欧盟对学会学习素养的定义则显示出学会学习跨领域性、终身性与横向性的特点，注重个人在多样复杂的情境中利用学会学习素养综合性地解决问题。

学会学习是一种"赋权素养"，这种"赋权素养"可以给予人们动机、自主性和责任感，并超越自己所处社会环境以调节控制自己的生活。如此，不确定性、变化和风险就可以被视为个人的学习机会。关于学会学习，我们要明确以下几点：①学会学习主要强调学习者，而不是教育者；②学会学习要求参与者需要学习什么？教育者如何支持他们？而不是参与者从各种各样的教育活动或者教育工作者那里学到的东西；③学习成果的主要责任在于学习者，而不是教育者；④教育活动必须以参与者终身学习的视角来看待，而不是一个与所有参与者同等重要的孤立的学习机会；⑤学会学习要成为学校教育活动不可或缺的重点部分，而不是只在特定的课程中提及。

任何关于学会学习的观点都必须从对学习的理解开始，并将个人和社会因素融合在一起。学会学习是一种"行动方法"，人们必须参与方法本身，即"学什么""如何学"。学会学习是一个素养领域，除了知识理解和技能外，还包括价值观以及信念的综合。

另外，学会学习是一个素养发展过程，其核心就是在最广泛的背景下认识到自己是一个学习者（不仅与教育有关），它包括学习动机、学习目标、学习方式、学习策略和与其他学习者的合作等。在个人的整个生活中，特别是在一个人的童年和青年期间，个人无意识地发展自己是一个学习者的概念。基于此，个人制订了如何学习的策略。学会学习意味着个人意识到这些概念，并能在它们限制发展时进行调整以适应进一步的发展。

学会学习素养要求学习者对自己想要学习什么以及如何学习负责。大多数学生经历了完全指导性的教育方法，因此，他们可能对教育和培训形成了一种"消费"的态度，这种态度与基于学会学习的教育方法相冲突。

学会学习素养促进"有意学习"的获得。有意识的学习意味着学习者具有新的动机感和选择感，其涉及自我意识、自主权和责任感。布莱克等学者不愿意将学会学习的概念简化为个人品质或一系列策略。他们认为，不可能将学会学习与学习本身的过程分开，而是将重点放在包含个人内部和个人间过程的"学习实践"上。同样，有学者认为，有意义的学习不仅仅是学习技能和策略的获得，而是需要实践来激发学习者对自己的学习负责。这要求学生有动力学习，有意识地将自己和他人视为学习者，并规范自己的学习。

（三）学会学习的特点

1. 主体性

学会学习是建立在学习者是学习的主体这一认识基础上的，其特点是个体作为学习活动的承担者，自身认识到学习的意义，在学习活动过程中有目的、有计划地进行自我管理、自我激励、自我控制，进而积极主动地投入学习。学会学习强调培养学习者的主体意识和主体潜能，充分发挥学习者在学习过程中的自觉性、主动性、选择性、独立性、创造性和责任感，使其成为真正的学习主体，进而成为社会生活和社会实践的主体。

2. 延展性

"学会学习"在时间和空间上都具有一定的延展性。空间延展性体现于，学生学习的场所已不限于课堂、学校，还可以延展到社区、家庭、社会等。时间延展性体现于终身学习这一概念上，终身学习在一定程度上是指学生不仅要学习课堂上教师所教授的学科知识，同时还要学习日后在社会上工作、生活所需要具备的各种知识，这就需要坚持不断地学习。

3. 持续性

学习的目的是促进人的成长，实现人生的价值；而人永远不会变成一个成人，他的生存是一个无止境的完善过程和学习过程。人和其他生物的不同点主要就在于他的未完成性。事实上，他必须从他的环境中不断地学习那些自然和本能所没有赋予他的生存技术。为了求生存和求发展，他不得不继续学习。学会学习是一种"终身学习"的学习理念，倡导学习的持续性，学无止境。随着信息时代的到来和科学技术的迅猛发展，学习已经冲破了学校教育的牢笼，从家庭教育、学前教育到正规学校教育，再扩展到各种继续教育与在职培训，以及工作中的组织学习、团队学习；学习方式也由传统读书练习扩展到数字化、网络化，再到"泛在学习"，学习不再受到时间和空间的限制，成为人们生活的一部分。

4. 建构性

建构学者认为，学习是一个自我建构而非被动接受的过程，心理学上强调的同化和顺应就来源于这个过程。当然，在新时代，学习者不仅要基于以往的知识和经验建构知识，而且还要在多样化情境中建构知识。

5. 价值性

"学会学习"是具有价值性的，它不仅致力于充分发挥每个人的学习潜能，也借助于个人的一些智力因素和非智力因素对社会和他人产生影响。

6. 复杂性

学会学习是建立在复杂性科学认知基础上的，是由认知、情感、社会文化等多种因素组成的复杂系统，是"学"和"习""记"和"忆""知"与"行""客观知识"与"情感世界"的有机结合，是学习者在特定情境中智力因素和非智力因素、显性知识和隐性知识的整合。学习不只是客观接受，更是一种主观体验，它强调了学习活动是由记忆、理解、应用等低阶思维向分析、评价、创造等高阶思维的发展，学习不是简单的知识积累，更应该是与具体情境相适应的问题解决过程。

学习要面向生活、面向实践，只有"学思结合""活学活用""学中做""做中学"，才能把握抽象知识在具体实践运用中的"度"，才能有效地将知识转化为智慧，并形成综合素养。

（四）核心素养背景下对学会学习的关注点

1. 要注意策略选用的匹配性与适切性

不同的学习任务、学习内容与学习要求，都有与之相匹配的学习策略，没有哪一种学习策略是万能的，能够适合所有的学习内容和学习要求；另外，不同学段的学习个体，由于在个性以及知识结构等方面存在诸多差异，因此，适合不同学段、不同学习个体的学习策略也会有所不同。开展学习策略指导，必须让学生学会根据不同的学习内容、学习要求和学习任务以及自己的个性特点选择与之最匹配的、最有效的学习策略，开展个性化的有效学习活动。

注意策略选用的匹配性与适切性，还要关注以下两个问题：一是不同策略可能对目标达成有不同作用，如理解、领会策略对目标达成有直接作用，而注意策略则对目标达成有间接作用。二是不同策略使用的范围也往往不同，例如，SQ3R（概览、提问、细读、复述、复习五环节）几乎可以用于一切阅读材料，而有些策略只能用于少数学习材料。

2. 要充分考虑学生已有的经验和实际能力

学习策略指导与一般的知识学习指导一样，也必须考虑学生的接受能力。适合大部分学生的学习策略，未必为某些特殊学习者（如学习困难学生）所能接受和掌握。所以，教师设计学习策略指导时要选取最适合自己的、学生能够接受和掌握的那些策略，或者对学生所采用的策略进行适当的修正，使之符合特定学生的特点。

3. 要遵循知识与技能学习的一般规律

学习策略指导作为一项知识和技能的教学，与其他知识与技能的学习指导一样，都应遵循学生的学习认知规律。在设计学习策略教学时，需要注意的是一次只教少量的学习策略，并要注意由易到难、循序渐进；要让学生在学习体验中了解和掌握学习策略；运用学习策略的相关练习不宜太密集。

除此以外，在学习策略指导中，还要注意运用"融入性原则"和"情境性原则"。融入性原则是指要把学习策略渗透到学生学习的各个环节中去，而不是单独占用时间分别进行；情境性原则是指在与学习策略培养相关的教学设计中，应当充分注意教学情境的特殊性。

（五）学会学习对教师教学的影响

1. 学会学习对教师教学观的重塑

教学观是指教师对教学的本质和过程的基本看法。研究表明，教师的教学观一经形成，就会在他们的头脑中形成一个框架，影响他们对教学过程的具体事物和现象的看法以及在教学中的决策和实际表现，进而影响到学生的学习。与传统教学的传授知识、应付考试型的教学观不同，学会学习核心素养是一种以面向人的生活世界的实践活动为旨趣的生成性教学观。

第一，教师要在教学过程中相信学生，观察、发现、启迪学生的优点、特长，倾听、引导、关怀学生的学习兴趣，促进、鼓励学生端正学习态度；第二，教师教学不再是单纯地关注学生的考试成绩，而是注重培养学生积极的学习态度、良好的学习习惯，使其获得能够适应未来工作、生活需要的知识、技能、能力和综合素养。教育是"立德树人"的过程，培养学生积极健康的人格特质、乐观开放的处世态度、务实创新的创业精神，与获得学科知识共同构成教育的目的。

2. 学会学习对教师角色的重塑

学会学习核心素养要求教师把自身定位于学生学习的设计者、咨询者、参与者、合作者、促进者等新角色。

首先，教师要能够适应信息技术、移动通信等现代教育技术发展的需要，根据教学环境、学习者特征、自身教学经验成为课程教学的设计者，不断优化教学目标、教学资源、教学形式，把传统讲述式的面对面教学和现代移动网络学习优势进行有效的结合，积极推进混合式学习，实现从"接受式学习"到"主动式学习""传授范式",再到"学习范式"的转变,让学生先学,教师根据学生的问题进行答疑解惑,从而使学生"乐学""善学""会学"。

其次,多元化的学习方式要求教师从传统教学的知识权威者、课堂统治者向平等交流、协商对话、交往互动、共同发展的新型师生关系发展,教师要成为学生学习的咨询者、参与者、合作者。

最后,在学生的成长性教育层面,教师角色应该从规则的制订者、执行者转变为共同参与学习规则的参与者、学生学习活动的组织者、良好习惯形成的模范者,通过个人修养、人格魅力成为学生成长的"标杆"。

3. 学会学习促进教师教学方式的转变

以学会学习核心素养为教学的价值取向需要教师教学方式的转变,即教师的教学不再是简单地把现成的知识传授给学生,而是更应该注重把学习的方法教给学生,培养学生自主学习的能力。在实际教学中,学生的学习方式究竟能不能发生应有的转变,取决于教师怎样引导、怎样帮助,也可以说,学生学习方式的转变以教师教学方式的转变为前提。

与传统教学"听讲——背诵——练习"的被动式接受的学习方式不同,学会学习是学生求知与求能的结合,倡导教学要向能够激发学生主动参与、勤于动手、乐于探究的自主学习、合作学习和探究学习等学习方式转变。这些学习方式要求教师能够提供更多讨论和交流的机会,使学生参与教学过程,以项目教学、任务教学、合作教学等教学方式使学生参与课程教学及学习过程,培养其搜集和处理信息的能力、获取新知识的能力、分析和解决问题的能力以及交流与合作的能力。

三、开展对深度学习的探索

(一)深度学习概述

1. 深度学习的定义

(1)深度学习是行为层面的协同联结

学习是建立网络的过程,有学者从认知科学的角度出发,提出了相似观点,认为学习在于形成相互关联的概念体系，反对为学习者提供割裂的知识碎片，他认为这不仅会造成认知负荷，影响学习者对信息的注意和提取，同时会影响其对新问题处理的成效，导致学习的失败。在此，"联通"的学习观点，即通过外部社会网络与内部神经（认知）网络的建立与连接，将分布于不同环境下的知识与信息内化，形成基于自我理解的个人观点与结构，并在共同的社会化学习与交流经验中主动将心智结构中的知识表达或外化出来，以实现群体智慧分享的目的。

实际上，深度学习一方面是概念之间的联结，另一方面是通过创造性反思或基于实践的问题性知识构建支持信息与历史协调与整合的框架，以真正使"个人"和"组织"在共同的螺旋和动态的循环中获得整合并保持与时俱进。

（2）深度学习是认知层面的概念转变

在学习科学作为一门新科学的发展过程中，其就"人是如何学习的"这一议题的研究为学界提供了诸多关于学习的新观点，将教育革新的战略视角由"教"转移到人的真实学习上，在选新学习概念的基础上，通过对传统教育的概念重构与范式反思，构建一种能最大限度地发掘学生学习潜力的、全新的教育范型。"深度学习"不仅与"理解性学习""问题解决学习"等共同作为学习科学研究的重要议题，同时更是学习科学的终极目标。而深度学习的结果，从认知的角度来讲，是旨在解决认知冲突、推进迷思概念向科学概念更新的概念转变。

因此，基于学习者的先前概念展开学习、在考虑学习者已有知识背景的基础上设计教学将会在更高水平上推进深度学习，帮助学习者有技巧地、较为安全地掌握和积累专家知识，修正或丰富自己的概念体系，从而促进认知进步，推进高层次目标的达成和创意学习成果的生成，也正概念转变是有意义学习的内在机制，是深度学习的目标与结果。

（3）深度学习是情感层面的沉浸体验

如果要理解人类学习的整体复杂性，就需要将各种资源纳入我们的视野之中。深度学习不仅是行为、认知方面的生长与完善，同时也是情绪情感层次上的体验与获得。美国心理学家罗杰斯（Carl Ranson. Rogers）认为，在学习的任何阶段，学生的认知投入与情感体验始终是一致的并且交织在一起的。梅耶基于对学习者学习成效和情绪关系的研究提出了畅游理论，并认为学习者对学习任务的投入程度与学习效果呈正相关，即当学习者全身心投入自己的学习中时，会自然而然地沉浸、畅游于学习任务中，感受不到学习的疲惫感和挫败感，这时的学习效果最好，因为学习是一次顺畅的体验。在此，畅游本身并不是一个绝对的状态，它是一种客观环境中的主观体验，个人的内部因素起着决定性的作用。故"畅游"也可以通俗地被看作一种学习者的内在动机，它不仅是促使学生进入学习的有效助推，同时也是支持学生付出努力和时间的关键，当学习者受内部动机驱动参与课堂活动时，他们会表现出对学习课堂知识的渴望，对解决指定任务也表现出十足的意愿，同时也更有可能选择恰当的有效策略进行信息加工，从而更出色地完成任务。

可以说，内在动机使学习者能够更容易沉浸于学习的参与与体验过程中，这将在很大程度上帮助学习者实现丰富的、综合的"平面式"知识的积累，同时也利于促进其深度的"垂直式"思考，从而带来更高水平和多层次的思维体验，而高水平和多层次的学习体验不仅是深度学习的关键思维结果，更是深度学习情感体验的重要特征之一。

2. 深度学习的常用神经网络

深度学习是由多个神经网络模型组合构成的，这些神经网络包含了输入层、神经元和输出层，每一层次的网络都有不同的功能，负责不同的任务，其中包含的权值能够连接各层。人们经常使用的神经网络有以下几种。

（1）深度神经网络

深度神经网络具有两层以上的网络，能够通过不断增加层数来储存更多的参数，使得模型更加精准。训练模型的过程中，该网络中的上一层将训练好的数据传递给下一层，这样接力传递数据进行逐层训练。

（2）循环神经网络

循环神经网络是自然语言处理中比较常用的网络模型，可以处理带有序列特征的数据。它使深度学习模型在自然语言处理中获得了一定的成果，它是一类具有短期记忆能力的神经网络，适合用于处理视频、语音、文本等与时序相关的问题。它包含输入、隐层和输出，其中隐层是进行循环的基础，且层级较高的隐层不会向较低的隐层传播。在命名实体识别中，神经网络是使用最为频繁的，其中基于双向长短时记忆神经网络的实体识别模型，就是其中的一种。

(3) 卷积神经网络

卷积神经网络是一个多层神经网络，主要包括卷积、激活、池化三种结构，经常被用来处理图像数据，进行图像识别。例如，现在热门的垃圾分类图像识别中，主要就是运用卷积神经网络实现的，它可以对输入的图像进行分类处理，将输入的图像数据进行卷积，引入非线性激活函数，最后进行池化，也可以说降低图像的分辨率。卷积神经网络通过感受野和权值共享来减少参数的个数，从而降低训练模型的训练成本。

(二) 深度学习的特征

1. 强调自主参与

与浅层学习者为完成任务而消极被动地接受知识不同，深度学习者是主动积极地参与到学习活动中的。由内部动机而产生的具有自主性与积极性的学习，是学习者主动获取知识、汲取知识的学习。当学习者在学习中遇到疑惑或困难时，他不会轻易放弃，而是会继续深入挖掘知识，力图找到解决疑惑的办法，使自己对知识的掌握更加透彻。这种积极自主参与学习活动的意志是学生进行深度学习的关键。心理学有项研究发现，学习者只通过"读"或只通过"听"所能记住的信息往往不超过完整信息的26%，只通过"看"这一途径所记住的信息往往也只有30%左右，其效果不如"看"和"听"相结合的记忆方式深刻，而通过"说"和"做"所能记住的信息量高达90%，远远高于前面所提到的各种学习方式。可见，通过亲身体验、积极参与所获得的信息往往记忆会更深刻。

因此，深度学习提倡学习者的积极主动参与，学习者自主积极参与到学习活动中，主动对知识进行深入挖掘、理解和感悟，而不是将其视为一种任务、负担，那么学习者将在潜移默化中形成自己的知识体系。学习者对知识的积极性和主动性往往决定了学习者本身的学习状态、效果和质量，因此，深度学习十分强调学习者的自主参与。

2. 注重批判理解

深度学习是基于理解的一种学习，这就决定了学习者不可能一味地接收教师灌输的知识，也不会不假思考地遵从教材所呈现的内容。深度学习要求学习者面对一切事物时始终要持有怀疑、批判的态度，对面前的复杂信息批判看待、深入思考，筛选出对自己有用的信息，再深度理解信息的内涵。布鲁纳（Jerome Seymour Bruner）曾认为，任何课程的主题都应该由发展学生的基本理解能力而确定。

可见，深度学习最终也是为了促进学生理解力的发展。理解不仅是学生内化知识的关键环节，而且是学生发展能力的前提条件；理解不仅是学生提升品质的重要途径，而且是学生获得意义的根本机制。

因此，深度学习强调学习者在学习时必须先理解整体性知识，在理解的基础上对知识质疑辨析、深入思考，批判性理解深层知识和复杂概念，并将其纳入自己的知识结构中。

3. 促进整合建构

深度学习所涉及的知识不局限于当前所接受的内容，而需要将先前知识与新知识结合在一起进行整合，使新知识与旧知识建立起一定的联系，经过同化、顺应融入学习者的认知结构中，形成系统而非零散的知识体系，以加深对知识的理解，便于后期知识的记忆与提取。

当然，深度学习中整合建构的对象不只是指新旧知识的整合，还包括学科之间知识的整合。学科间的知识其实并没有明确的界限，反而是相通的，通过多学科知识的有机整合有时可能获得更好的学习效果。当学习者批判性理解教师传授的知识和教材上的知识后，能有机整合新旧知识和学科间知识，并形成系统完整的知识结构时，学习者便能将所获取的知识长期保存于自己的头脑中了。这种学习方式有助于培养学生的思维能力和创新能力，提高学生的素养。

4. 着意迁移应用

学习最终就是为了学以致用，将所学的知识与技能运用于实践才是教育要实现的目标。深度学习要求学习者不仅要主动参与学习活动，在批判性理解知识的基础上对信息深度加工，进行重组和建构，而且还要对知识的本质内涵和情境进行深入理解，使学习者在实际生活中遇到复杂问题时能有效利用所学知识来解决问题，这就是深度学习的迁移与应用。"迁移"是经验的扩展与提升，"应用"是将内化的知识外显化、操作化的过程，也是将间接经验直接化、将符号转为实体、从抽象到具体的过程，是知识活化的标志，也是学生学习成果的体现。

在深度学习中，学习者对某一情境下所学习到的知识不是死记硬背，不是简单地重复和记忆，而是将其迁移到其他相类似的情境中，根据具体情况举一反三、触类旁通，应用已掌握的原理和方法来解决新的复杂的问题。可见，能否有效迁移和应用知识是判断学习者是否学会深度学习的重要因素。

5. 旨在培养全面发展的人

深度学习绝不单指在批判性理解知识的基础上重新建构知识、迁移与应用知识的学习方式，它还包括深度学习的最终任务，即培养全面发展的人。深度学习作为浅层学习的对立面而存在时，它指向学习者能力层面的发展，旨在通过深度学习使学习者掌握学习知识的方式，在此过程中培养学习者的思维能力、创新能力、迁移与应用能力、解决问题的能力和自主合作意识等。但深度学习如果仅局限于此，将缺少其内在隐含的教育性和价值。

因此，我们说深度学习的最终任务是培养德智体美劳全面发展的人，是培养具有核心素养的人。当学生将冷冰冰的知识学习与人类社会生活相结合，懂得对知识进行价值判断，利用知识来创造美好的生活，那么知识学习过程就是有温度的。这也是深度学习的追求。

(三) 深度学习的理论基础

深度学习作为当前教育研究的热点之一，它的提出并非凭空而来，而是有着广泛的理论基础。这些理论为深度学习在教学中的运用提供了科学的指南，促进了教师的教学质量和学生学习效果的提高。

1. 建构主义学习理论

建构主义理论认为，学习不只是由教师向学生传递知识，而是学习者在原有知识经验的基础上，在一定的社会文化环境中，主动对新信息进行加工处理，建构知识的意义（或知识表征）的过程。

在建构主义理论指导下，深度学习强调学习者对知识的同化与顺应，即在学习过程中要将新知识与旧知识联系起来，建构新的知识体系，并纳入自己的认知结构中；当新知识与已有的认知结构存在不一致时，学习者则须不断调整自身的认知结构，最终形成某项技能。深度学习在一定程度上也表达了对学习者整合和加工新旧知识、多层次多角度理解和学习知识、重新建构自己知识结构的要求，这与建构主义者的观点有共通之处。

此外，建构主义者主张学习不仅需要内部条件（学习者自身的能力和知识），而且还需要外部条件（一般指学习环境），通过在复杂的环境和具体的问题情境中来理解复杂知识，建构新的知识意义。同样，深度学习也大多产生于复杂的情境中，而合理情境的创设则有助于学习者对知识的深度学习与理解。

2. 情境认知学习理论

情境认知学习理论于 20 世纪 80 年代被正式提出，该理论认为学习并不只在于获取知识，更关键的是要将自己放置于某一具体的情境中，通过参与实践来获得知识并对其重新建构，并且利用它来解决问题，这才是学习的重要环节。在情境认知者看来，知识和实践是相互的，并不只是被当作个人心理的内在体验，而是个人、社会乃至物理情境之间相互交流的产物，知识是在真实情境中才能被赋予意义的。

因此，只有将知识学习与具体真实的情境结合起来才能产生有意义的学习。可见，情境认知理论强调学习者学习与情境的融合，注重引导学习者将所学知识运用于具体的情境中，为问题的解决创造条件。在一定程度上，该观点与深度学习的特征相符合。深度学习本身就是基于情境的学习，学习者进行深度学习的最终目的正是利用所学知识来解决真实情境中的复杂问题，这就决定了学习者必须整合新旧知识和个人经验，将知识迁移到相似情境中，以此促使问题的解决，由此可见，情境认知理论作为一种促使知识向真实情境迁移的重要理论，是学习者实现深度学习的重要依据，为深度学习的发展提供了科学指导。

3. 元认知理论

弗莱维尔（John Flavell）于 1970 年首次提出元认知这一概念，并对其概念进行界定。他认为，元认知是认知主体对自身的心理状态、能力、任务目标、认知策略等方面的认识，同时也是认知主体对自身各种认知活动的计划、监控和调节。

由此可知，元认知理论者强调学习者对自己认知的认知，即学习者对自身学习状态、能力、学习目标等信息的认知，察觉自己的不足与优势，之后再采取措施对自身进行调节，从而促进自身的成长。

简单来说，元认知就是我们常说的"反思"，并在反思后有所行动，而深度学习又与元认知有着密切的关系。深度学习要求学习者多角度理解知识的深层内涵，有时理解的内容可能有失偏颇，这就需要学习者运用元认知知识和相应策略来加以监控和调节，发现学习过程中的问题并及时修正，在这一过程中不断加深对知识的理解，慢慢掌握知识的本质，建构相关知识意义，以解决在社会实践中遇到的难题。在这一过程中，学习者不仅能够学会反思、提高反思能力，而且还能够在一次次的反思中不断提高自己的能力，从而取得更好的学习效果。

（四）核心素养视域下对深度学习的探索

1. 引导学生在学习过程中体验对学习的"爱之深与乐之深"

只有主动快乐的学习才能将知识转化为生命中的素养。深度学习就意味着学习者对学习有着如饥似渴的探求欲望，在学习过程中保持如痴如醉的情绪状态，对知识奥秘的求索充满着乐此不疲，欲罢不能的兴趣。正如斯宾塞所言，兴趣是求知和学习最大的动力。这不单是一种方法，而且包含着人类获得知识的智慧而古老的法则。

2. 引导学生在学习过程中的"知之深与思之深"

深度学习不是引导学生探寻深不可测、深奥的意义与价值，而是引导学生深入地思考，不求艰深难懂，但求深思熟虑。

3. 引导学生持之以恒地学习与研究

深度学习的"深"，还应体现在长时间乃至一生坚持不懈地学习上。教育教学及学习的影响力是年长日久、日积月累的，它不可能一朝一夕就奏效。

任何有深度、有创见的思想与发现，都需要不断地思考。深度学习必须经历一定的时间长度，而不是短平快式的"快餐"。深度学习必然要经过千曲百折、寻寻觅觅的过程，这一过程中的迷茫、困顿、艰辛、豁然、欣悦、欢呼、开悟都是深刻体验带来的成果。

第五章　学校教学组织与教学质量管理

第一节　教学组织管理

教师是学校教学的基本执行单元。学校教学工作的目的是促进学生全面发展，但是具体的教学工作却是由每位教师在教室中独立完成的。所以，实现国家教育目的和学校培养目标需要将教师组织起来，形成一个完整的系统。只有全体教师相互配合、相互促进，形成教学工作的合力，才能提高教学质量。这就需要进行教学组织管理，在学校教学管理中，建立有效的教学组织指挥系统，加强教导处和教研组的建设和管理，并合理配备教师资源，提高教学管理的有效性。

一、教学管理组织系统

现代教学管理组织是随着教学规模的不断扩大、班级授课制的出现和现代学校的产生而逐渐构建起来的。教学管理组织一般是指学校按照一定的教学目标，将机构、人员、职权、制度和文化等组织要素，进行有机组合并进行动态管理的一种专门性社会组织。

（一）教学管理组织系统的类型

1. 垂直型教学管理组织

这种教学管理组织的特点是主要靠强制性维持。学校通过设置若干级正式的教学行政管理机构来形成本校的教学管理组织系统，以发挥教学管理的基本职能，维护正常的教学秩序。该类型的教学管理组织有两种模式：一种模式是四级管理机构，即教学校长——教务处——教研组——教师；另一种模式是三级管理机构，即教学校长——学科组——教师。这样有利于常规教学的落实，不利的一面是容易导致教育风格雷同，最终导致学生个性发展受限。

2. 咨询——监督型教学管理组织

这种教学管理组织的特点是主要靠教师的自觉性维持。学校设教学咨询、监督机构，请家长和社区知名人士参与其中，以便改善学校的教学工作质量。这种教学管理组织的好处是管理灵活，利于教学创新。

这两种组织系统是并行不悖的。学校教学管理既要充分发挥垂直管理的功能，又要充分发挥咨询监督的作用，实现教学管理的合理分工，形成渠道畅通、制度完善的教学管理组织系统。

（二）建立有效的教学组织系统

教学组织系统是学校教学管理得以运行的基础。一个有效的教学组织系统能够发挥上情下达、下情上达的功能。

1. 充分发挥教导处的职能

教导处是学校教学管理系统的中枢，其职能主要有：一是协助校长贯彻党和国家的教育方针政策，具体组织学校日常教学工作，制定学校教学工作计划，并进行定期检查和总结；二是根据国家课程计划、课程标准编排课程表、作息时间表和课外活动表，提高教学效率，减轻学生的课业负担；三是了解全校教师的思想动态，了解每位教师的业务水平和专长，依据教师的特点安排相应的教学任务；四是通过业务培训和研修，提高教师的业务水平，造就一支业务精、水平高、爱岗敬业的教师队伍；五是组织开展教学研究工作，通过集体备课、教学观摩、校本研究、撰写论文等方式，提高教师的教学反思和教研水平；六是对学校教学工作进行监控和评估，包括检查备课、上课、作业和考试的情况，了解教师教学和学生学习的动态，并对教师工作进行考核与评价；七是做好学籍管理工作，具体负责招生、编班、休学、转学等工作，并做好学籍卡、健康卡、成绩总册等的统计、汇报、报表的管理工作，同时负责教学图片、教学工具书、教学刊物、考试样卷等各种资料的整理、装订、保管、借阅工作，防止散失，保证教学所需；八是具体负责课外活动的指导与管理、学校教学仪器设备的管理等各项工作。可以看出，教导处的教学管理工作非常细致，涉及学校教学工作的各个方面。

　　加强教导处的建设，需从两方面着手：一方面，做好教导主任的选拔和任用。教导主任是校长管理教学工作的主要执行者，上对校长直接负责，同时直接组织各学科教师、教研组开展教学工作。教导主任的业务素质高低直接影响到学校教学管理的成效。教导主任的选拔和任用要坚持公平、公开、公正的原则，并充分听取全体教职员工的意见和建议，通过公开招聘的方式将有能力、

　　有意愿、有群众基础的优秀教师选拔到教导主任的岗位上来。在实际的工作中，要明确教导主任的工作责任和职权范围，为其开展教学管理工作创造良好的内外环境。另一方面，建立一支精干的教导处管理队伍。学校教导处的工作范围十分广泛，既要协助校长保证学校教学工作符合国家教育方针和课程计划，同时又要组织好日常教学工作和教研工作，而且要组织好教师考核和学籍管理等各项工作，任何一个环节出现问题，都可能影响到学校教学管理的全局。因此，建立一支精干、权责明确、合理分工的教导处管理队伍，对强化教导处的职能具有重要的作用。

2. 强化教研组的建设

　　强化教研组的建设需要选好带头人。教研组长一般由校长或教导处任命，也可由同教研组的教师推选产生。教研组长应当是学科的优秀教师，能够带领任课教师深入开展教研工作，并对学科教师进行相应的教学指导工作，帮助教师解决在教学中遇到的问题。教研组长更多地具有专家型教师的特点，在教师中发挥模范带头作用。在教研组中，教师之间就某个教学问题所开展的讨论或者研究实际上是一种带有学术色彩的探讨，在探讨的过程中，教师之间是平等的，他们都有发表意见或建议的权利。同时，教研组长还要采取措施，促进教师之间的知识共享，使教师通过分享备课讲义、相互观摩、听课评课等方式，相互取长补短，共同提高教学业务水平，促进学校教学质量的总体提升。

3. 优化教师配备

　　教师是学校最为宝贵的人力资源，也是办好学校的基本依靠力量。不同教师在思想状况、工作年限、能力水平、业务专长等方面都存在差异。学校教学管理的一项重要工作就是依据上述方面的差异，根据实际情况合理配备各学科教师，充分发挥每个教师的业务水平，扬长避短，提高学校教学管理效能。同时，同一

个学科的教师配备，要注意老年、中年、青年教师的年龄搭配，发挥老教师传、帮、带的作用，促进中青年教师的业务成长。中年教师有了一定教龄，业务熟练，精力旺盛，是提升学校教学质量的中坚力量。青年教师刚刚入职，缺乏教学经验，业务也不太熟练，这时学校要创造条件帮助他们熟悉业务，并对他们进行业务指导，为他们创造比较宽松的工作环境，加快他们的专业成长。

二、教学过程管理

教学过程包括备课、上课、作业布置与批改、学业成绩的检查与评定等基本环节，相对应的教学过程管理包括备课管理、课堂教学管理、作业管理和学业成绩评价管理等方面。

(一) 备课管理

备课是教师根据学科课程标准和所教学科的特点，在了解学生学习情况的基础上，合理安排教学内容呈现方式及其顺序，针对在教学中可能出现的问题进行预先分析并提出解决对策，以保证教学有效性的过程。备课管理工作主要包括以下几个方面的内容。

1. 钻研教材

学校一般都会要求任课教师系统性地研究教材内容，清楚所教学科的教学目的、知识体系以及教学方法方面的要求，在了解教材编写意图和知识结构的基础上分析教学重点、难点和关键环节，同时还要求教师广泛阅读与教学内容密切相关的参考用书，以充实教学内容，最终达到教师全面掌握教材内容体系，对教材融会贯通，从而有效进行课堂教学的目的。

2. 了解学生

教师要通过家访、与班主任沟通等多种方式了解所教班级学生的学习态度和兴趣，了解学生的知识基础、智力水平和健康状况，以确定教学的难度、进度，促进学生主动、高效地学习。

3. 选择教学方法

常见的教学方法有讲授法、谈话法、实验法、演示法、读书指导法、参观法等，在一节课上，不是采用的方法越多越好，而是要看教学方法与所教内容的匹配程度。教师要在备课过程中结合教学内容和学生学习的实际情况有针对性地选择教学方法，以提高学生的学习兴趣和主动性。

4. 设计教案

教案是对教学内容的整体规划。教师要在研究教材、分析学生、选择教法的基础上，通过教案的写作，具体规划教学过程、明确教学内容主题、阐述教学目的和任务、分析教材及其教学重点难点、选择教学方法和教具、规划教学流程步骤、巩固教学内容和布置作业等环节，呈现板书设计。为了促进教师之间的知识和经验共享，很多学校都建立了集体备课制度，通过教研组组织教师集体备课，形成教学团队，整体提高教学水平。备课管理可以提高教师教学的目的性和针对性，进而为提高教学效率和学生学习成效奠定基础。

（二）课堂教学管理

教学是学校的中心环节，课堂教学管理主要包括听课和评课两个方面。

1. 听课

听课是校长、教学主管副校长、教导主任、教研组长等人的一项重要工作。

听课是学校领导了解本校教学质量、了解教师教学水平、分析学生学习情况和进度最直接、最有效的方法，也是帮助教师改进教学、提高专业化水平的有效途径。依照目的的不同，可以把听课分为了解性听课、指导性听课、研究性听课和总结性听课四种类型。

了解性听课是校领导为了全面把握学校的教学情况所进行的听课，通常范围会比较广泛，涉及语文、数学、英语、体育、音乐、美术等各个学科。指导性听课主要是聘请校内外的教学专家通过听课对教师进行具体的业务指导。研究性听课是为了解决某一方面的教学问题，如学生学习兴趣低、班级教学成绩起伏过大等而进行的听课。总结性听课则主要是为了总结学校开展的教学实验、教师之间交流上课经验而进行的听课。

在组织听课之前，校领导和教务管理者要仔细研究听课的目的，以确定听课的类型。同时，听课人员还需要对教学内容、教学目标、教师基本情况、学生情况等进行较为深入的了解，以有的放矢地分析课程内容和评课。

2. 评课

在听课的基础上，对所听内容进行评价，这就是评课。评课不仅是为了考核、评价教师的水平，更应以提高教师的教学能力为基本出发点。评课是指对课堂教学成败得失及其原因进行中肯的分析和评估，并且能够从教育理论的高度对课堂上的教育行为作出正确的解释。具体地说，评课是指评者对照课堂教学目标，对教师和学生在课堂教学中的活动以及由此所引起的变化进行价值的判断。评课是教学、教研工作中的一项经常开展的活动。评课的类型很多，有同事之间互相学习、共同研讨的评课，有学校领导诊断、检查的评课，有上级专家鉴定或评判的评课，等等。评课要坚持以下基本标准。

第一，分析教学目标是否符合教育方针和课程标准的要求，教学是否实现了提高学生道德水平、使学生掌握知识和发展能力的目的。

第二，教学过程与结构的科学性和严谨性，主要分析教学环节（包括上课时的检查复习、导入新课、课堂练习、课堂提问、教学内容总结、布置课外作业等环节）是否紧凑，教学内容的呈现是否合理、是否遵循了学生的注意规律、是否激发了学生的主动性。

第三，教学思想是否体现了课程标准的要求，主要分析和考察教学过程是否面向全体学生实施素质教育，是否整体设计目标，是否突出学生主体并尊重个体差异，是否促进学生发展。

第四，教学态度，主要看教师的举止是否大方、端庄，教学感情是否丰富、真挚。

第五，教学语言，主要观察教师的课堂教学用语是否规范、准确、优美。

第六，板书和幻灯片呈现的清晰和美观程度，主要看教学板书的科学性、精练性、逻辑性和连续性，分析是否有利于学生理解教学内容。

科学评课有利于促进教师转变教育思想，更新教育观念，确立课改新理念；有利于帮助和指导教师不断总结教学经验，形成教学风格；有利于信息及时反馈、评价与调控，调动教师教育教学的积极性和主动性。总之，科学地听课和评课，可以有效提高教师的业务水平，进而提高学校的教学质量。

（三）作业管理

作业是教师布置的学习任务，包括课堂作业和课外作业两种形式，前者要求学生当堂完成，后者则由学生放学后在家完成。从完成方式来看，作业包括口头作业和书面作业两种，前者是指朗读和背诵形式的作业，后者指抄写、默写、做习题、完成课外调查研究等方式。作业的布置与批改，是教学过程中必不可少的环节，也是巩固教学内容、教师了解学生学习效果的重要手段。作业管理主要包括以下内容。

1. 提高作业的有效性和针对性

不盲目布置大量作业，摒弃无效作业。教师在布置作业时要注意针对教学内容并适当拓展，使作业少而精，能够有效巩固所学知识，真正成为补充和优化教学的重要手段。

2. 创新布置作业形式

在当前课程改革的背景下，作业的形式不仅包括做习题，还可以包括准备演讲、开展调查研究、制作手工艺品等。布置多种作业有助于提高学生的综合能力。

3. 及时批改、反馈作业

作业的批改必须讲究时效性。学生完成并提交作业之后，教师要在第一时间完成批改，及时把批改情况反馈给学生。批改完成后，教师要对学生作业的整体情况进行分析，找出作业中的共性问题，并向学生集体讲解。对于作业中出现的个性问题，教师要采取面对面的方式帮助学生分析问题，促进学生了解和掌握所学知识。

4. 家校合作，提高作业管理质量

家长参与学校教学是教学管理所采取的一个常见措施。学校可以通过家长会等方式让家长明白作业的重要性，争取家长的支持和配合；使家长在家里引导孩子养成自主完成作业的良好习惯。家长和学校密切配合，有助于形成育人的合力。

（四）学业成绩评价管理

学业成绩评价是通过一定的方式来判断学生的学习是否达到或在何种程度上达到了教学目标的要求。教学目标是对学生进行学业成绩评价的基本依据。教学目标包括思想品德、学科知识和实践能力等方面的要求，是对学生学业成绩进行评价的基本标准。学业成绩的评价要贯彻素质教育和课程改革的要求。学业成绩评价的方式主要包括两种基本类型：一是考查，二是考试。

1. 考查

考查是指对学生的学习情况和成绩进行的一种经常性的小规模或个别的检查与评定，也就是在平时的课堂教学、课外作业以及课外小组活动中对学生的学业成绩所进行的过程性评价，具有经常性和及时性的特点。考查的目的在于及时了解学生的学习情况，获得教学反馈信息以改进教学。考查的形式主要有口头提问、检查书面作业、书面测验等。考查的结果由各学科教师记入学生成绩档案袋，体现教学评价的发展性。

2. 考试

考试是指对学生的学业成绩进行的阶段性或总结性的检查与评定，一般由教育行政部门或者学校统一命题，统一批阅试卷和评分，目的在于对学生的学习质量进行全面的检查与评价。

依照考试形式的不同，可以将考试分为闭卷考试、开卷考试、口试、实际操作考试等类型。在教学管理中，正规考试通常采用闭卷考试的形式，目的是检查学生学习和教师教学的总体质量，这有利于在单位时间内通过统一命题和评改选拔人才。同时，为了避免闭卷考试的死记硬背，也会采用开卷考试、口试和实际操作考试等形式，全面检测学生的学业水平。在教学管理实际中，要根据考试的目的和功能采用不同的考试形式，做好试卷的密封、试卷批阅的客观性以及成绩评定的准确性等方面的工作。

三、教务行政管理

教务行政是执行教学计划的一种教学行政，它的基本职能是根据全校教学计划对各项教学活动中的人力、物力、财力、时间、空间、信息等进行科学、合理的组织、指挥、调度和控制，以达到建立正常、稳定的教学环境和教学秩序，提高教学质量的目的。

（一）学籍管理

学籍管理是教学管理者根据国家对学生德、智、体、美、劳全面发展的要求，按照一定的原则、方法和程序，对学生学习等方面的表现，进行阶段和全程的质量考核、记载、评价和处理，并按照有关政策、规章的要求，对学生入学、变迁、毕业等进行控制。

学籍管理在义务教育阶段和非义务教育阶段的内容、作用和要求既相同又有区别。学籍管理是一项极其严肃的学校管理工作，任何教师都不得违背或变通有关程序中的任何环节。涉及任何一个学生的学籍变更或借读都需由学校领导研究决定。

（二）班级编制

教学班是学校对学生进行教学的基本单位。班级编制是招生以后，开始新的教学前的一项重要工作。班级编制一般是指把年龄和知识水平相同或相近的学生，按照定额合理分配，组成平行班，以便实施教育和教学。班级编制主要涉及分班标准和形式、班级规模两个方面的内容。在我国，分班标准和形式一般以年龄分班和能力分班为主。

（三）编排课程表

课程表规定了教学科目的安排、实施程序与节奏，是进行正常教学工作的依据。编排课程表的主要方法包括人工排课和机器排课两种。课程表是固定的，是提前安排好的，但在必要的情况下可改动。在日常教学中，教师应尽量避免调课。教师调课牵涉学生利益，应制定针对学生的个性化课程表，保证学生正常地进行学习，提高学生的学习效率。编排课程表并不是机械地分配教学计划所规定的课程，课程表要合乎学生生活情况和师生学习、工作规律。

1. 关注学生学习时间和精力

学生精力旺盛的时候，学习能力强，学习效率高；学生感到疲倦的时候，学习能力弱，学习效率低。

2. 合理使用教师时间

学校在编排课程表时要考虑到教师能否比较好地利用时间，应尽量给教师一些完整的时间来备课、参加教学研究活动，或进修提高，同时也要考虑到同科教师互相听课的可能性。对一些有特殊困难的教师，也应尽可能地给予照顾。

3. 充分利用教具、场地、教学仪器

学校在编排课程表时要充分利用理化科的实验室、体育科的场地和器械等，避免在时间安排上出现冲突，影响教学质量。

（四）资料管理

1. 工作资料管理

第一，全校性的资料，如上级有关教学工作的文件，学校的工作计划、总结，学校的规章制度，等等。

第二，教师教学资料，如课程标准，教研组和教师个人的教学计划总结、研究成果，各科期末复习提纲、试卷，班主任工作计划、总结，等等。

第三，学生资料，如学籍册，毕业登记和去向情况登记表，体检资料，转学、退学、休学登记表，等等。

第四，统计表，如各学年（学期）学生各科成绩统计材料，升留级、升学统计材料，学生学习质量分析统计材料，等等。

上述四类资料属于学校积累保管的材料，应及时收集，分别装订成册，编目登记，安排专人管理。

2. 图书资料及教学仪器管理

现在，学校一般都有图书馆和大量的教学仪器，这些都是学校公有的，需要登记在册，并委派专人管理。

第二节 教学质量管理

一、教学质量目标及标准

教学质量目标就是学校在教学管理中最终追求的可测量的学生知识与能力水平，以及教师、学生、家长等相关群体对教学的满意度水平。

（一）教学效果质量标准

这是学校教学过程的产出标准，主要看学生掌握学科教学内容的知识水平，学生所具备的在实践中运用理论知识的能力水平以及学生在思想道德素养方面的提升程度。一般来说，在每个学期、每个学年后以及毕业和升学时，教育行政部门都会组织考试，对学校进行督导和评估来分析、判断学校的教学效果。因此，考试命题、督导与评估指标的确定对评价学校教学效果质量的科学性至关重要。在素质教育和课程改革全面推进的背景下，考试和督导工作不仅要考查学生对知识的掌握情况，更要从学生的能力水平和思想道德修养的提升等方面全面考查学校的教学效果质量。

（二）教学过程质量标准

没有严格的教学过程质量作为保证，是不可能有良好的教学效果的。在学校内部管理过程中，校长、学校教学主管副校长、教导主任、年级组长等人面临的一项最为重要的工作就是制定一系列的规章制度来规范教师的备课、课堂教学、作业批改、考试等环节，确保在上课之前教师能够充分熟悉教材、组织教学内容和了解学生，通过科学、合理地设计教学方法来提高课堂教学效果，提高布置作业的质量并减轻学生的学业负担，以科学命题动态衡量学生的学习成效。

（三）教学时间质量标准

学校整体教学进度必须以国家课程计划、学校培养目标为基本标准，各学科教学的进度也要符合课程标准所规定的基本要求，科学分配教师讲授时间、学生自修时间、完成作业时间、考试与试卷批阅时间、课外活动时间和其他作息时间。各种时间的分配要符合教育规律、教学原则、学科特点以及学生的身心发展的阶段特点。同时，学校教学质量的提升也需要制定出具体的时间进度，以某一个时间为节点，到节点后即分析教学质量改进所取得的成效和存在的问题。这样能够很好地把握学校常规教学和教学改革的时间节奏，使每一位教师、每一名学生都对自己所承担的教与学的任务有一个清晰的时间认知，这对保证和提高教学质量都具有重要意义。

二、教学质量管理模式

（一）教学目标管理

1. 教学目标管理的特点

第一，重视教学质量管理过程中人的因素。教学目标管理是一种参与的、民主的、自我控制的管理制度，也是一种把个人需求与组织目标结合起来的管理制度。在这一制度下，上级与下级的关系是平等的，彼此相互尊重、相互依赖、相互支持，下级在承诺目标和被授权之后是自觉、自主和自治的。

第二，重视建立目标体系和责任制。从层次上看，教学目标主要包括四个层次的目标：第一层次是国家的培养目标，即培养全面发展的符合社会发展需要的人才；第二层次是各级各类学校的培养目标；第三层次是各个学科、学段、学期、学年的培养目标；第四层次是单元、课题、课时的教学目标。教学目标管理是指通过设计将学校整体目标逐级分解，转换为各个班级、学科、教师的分目标。在教学整体目标分解过程中，要明确教学过程的权、责、利，各个分目标之间要方向一致，环环相扣，相互配合，形成协调统一的目标体系。只有每个教师都完成了自己的分目标，整个学校的总目标才可能完成。

第三，重视教学成效。教学目标管理以制定目标为起点，以教学目标的完成情况为评价的终结，根据每个教职工完成任务的情况进行考核与奖惩。学校教学的整体目标以及各个教职工的分目标一旦设定，实现目标的具体方法、途径等，学校领导者便不过多干预，主要由分目标承担者依据自己设定的标准主动完成工作目标。

2. 教学目标管理的实施

（1）加强监督反馈，不断完善管理机制和管理方法

目标管理的一个基本原则是以所设定的目标为参照，适时监督和反馈教学任务的完成情况，实施动态教学管理。因此，学校管理者要建立高效、公正的管理机构，对教师完成任务的进度和质量进行公正的考核，同时还要建立立体交叉、多维的信息网络，随时关注学校目标管理活动的运行状态是否与确立的目标体系相符。

（2）实施人本管理，实现理性与非理性管理的融合

目标管理非常重视教学过程中人的因素，既注重设定科学、客观的教学目标，同时也非常重视在目标实施过程中的人本管理，调动教师依照目标进行自我管理的主动性和积极性。心理学研究证明，人要在心理上维持认知的平衡，需要解释自己行为的合理性。在实施目标量化评估的过程中，学校管理者要做好细致的思想工作，积极引导教师的内在需求，让教师产生"我要这样做"的动机，在实施刚性管理的同时努力探索情感优化的有效途径，形成刚柔相济、以人为本的管理模式。

（二）教学质量控制

1. 学校全员管理

学校管理的要素包括人力、物力、财力、时间、空间、信息等方面，其中人力是最重要的，离开了教师素质的提高和教师提高学科教学质量的积极性和创造性，学校的教学质量不可能得到提升。所以，实施教学质量管理，要求学校围绕教学这个中心合理配置师资力量，围绕教学目标协同活动。学校要在"教"与"学"的过程中充分发挥教师的主导作用和学生的主体作用，尊重教师的教学专业自主权，激发教师工作的积极性和创造性，同时为教学过程提供充足的物质资源和经费保障。

2. 教学全程管理

学校教学的整体质量是由各个教学环节的质量决定的。教师的备课情况、上

课情况、作业布置与评改情况、考试考核情况等都可能影响到学校的教学质量。因此，要提高学校教学质量，就必须建立一套完善的激励和监控制度，根据教师的能力与专长、所教学科的特点以及生源质量等方面的因素，有针对性地提高各个教师在教学过程各环节的工作积极性和工作质量，实现教学过程的最优化。

（三）走动式教学管理

1. 走动式教学管理的定义

走动式管理主要是指管理者不应再局限于办公室，而应该身先士卒，深入基层，到处走动，以获得更丰富、更直接的员工工作问题，并及时了解解决所属员工工作困境的策略，最终提高组织的工作绩效。

对于学校管理者来说，走动式教学管理是通过自己直接与教师、学生的接触，收集最直接的学校教学信息，以弥补学校正式管理渠道的不足。学校教学管理系统在本质上是一个层级的结构，因此上情下达与下情上达都要经过一系列的组织环节，而每经过一个环节，信息都可能会衰减。走动式教学管理有利于弥补正式组织中信息传递的衰减、过滤和扭曲的问题，有利于学校管理者在第一时间发现学校教学中存在的问题，通过及时沟通尽早发现并解决问题，提升教学质量。

2. 走动式教学管理的原则

（1）直接接触原则

这一原则要求学校管理者直接与教师、学生接触，不仅要出现在办公室，还要出现在教室、食堂、宿舍、操场等地。走动式教学管理实际上是一种"看得见"的教学管理方式，学校管理者与教师、学生面对面接触、交谈，及时了解一线教学的动态情况，对教学工作进行现场管理。学校管理者可以在走动时随身携带笔记本，记录观察到的现象，发现存在的问题，避免因杂事遗忘而造成严重后果。

（2）倾听原则

在走动式教学管理中，学校管理者和教师、学生之间是一种建立在相互尊重基础上的平等关系，学校管理者要以一个服务者的身份倾听意见和建议，以赢得教师、学生的信赖。在与师生沟通和交往的过程中，学校管理者要体现出热情的关怀和和蔼可亲的态度，消除教师与学生的戒备心理，这样才能获得第一手的真实信息。

3. 走动式教学管理的策略

（1）倾听策略

学校管理者应该把倾听作为走动式教学管理的第一要务，倾听可以让师生感觉到自己受到了重视。通过倾听，学校管理者可以从教师、学生那里得到学校教学的第一手准确信息。

（2）指导策略

走动式教学管理要求学校管理者从居高临下的领导者变成教学工作的指导者。在走动式的巡视中，学校管理者发现一些教学问题是必然的，关键是如何处理所遇到的这些问题。如果不分事件性质和起因，一味责怪、批评教师，则只会引起教师的反感。假如学校管理者能换位思考，平心静气地帮助教师查原因、找症结，并给予必要的指导，则有助于提升教师的教学水平，从而提高学校教学的整体质量，使学校获得更好的发展。因此，走动式教学管理应该是通过有意识地指导和引领的方式来进行的，而不是以粗暴的命令、评价来干涉甚至是剥夺教师教学自主权的方式来解决问题。

三、教学视导

（一）四种教学视导模式

1. 临床视导模式

"临床"是一个医学术语，原意是指医生为病人诊断和治疗疾病。过去，提出临床视导概念的主要目的是视导某学校开设的教育实习工作。后来，这一模式逐渐推广，并应用于师资培训和学校督学过程中。临床视导是指通过对教师实际教学的直接观察来获取资料的过程。在实际的教与学的环境中，通过对教师的教和学生的学的双边活动进行观察，依据所获得的第一手资料，向教师提供课堂内的必要帮助，从而使课堂中的教学发生积极的变化，最终达到提高教师教学水平的目的。临床视导模式的特点是视导人员和教师建立面对面的联系，共同观察教学过程，分析教学行为，提出改进措施。

运用临床视导模式对视导人员的素质提出了更高的要求。视导人员不但要精通教学论和课程论，熟悉教学内容和教学方法，同时还要具有较强的组织和沟通能力，能够在教师接受的前提下对其进行专业指导。实施临床视导大体分为五个环节：召开观察前会议、观察教学行为、分析资料并提出改进策略、召开视导反馈会议和视导人员会后自我分析。

2. 合作性专业发展模式

这是同侪视导的一种表现形式，具体来讲是两个或两个以上的教师为了提高各自的教学业务能力，基于自愿的原则组成专业发展合作小组，他们依据一定的标准，采取定量或定性的方法相互观察课堂教学，互相指出对方教学存在的问题并提出改进建议，以共同达到教学专业成长的目的。合作性专业发展建立在调动教师发展的主动性和积极性的基础上，从学校和教育行政部门正式组织推动的发展转变为教师个人的"我要发展"，与正式的行政视导相结合，能够极大地促进教师教学业务能力的提升。这种模式较容易为教师所接受，而且能够降低视导人员、校长及其他教学主管人员的工作量，提高教学视导的效率。

3. 个人化专业发展模式

个人化专业发展的视导模式实际上是一种教师的自我教学视导。在教师的整个职业生涯中，教育行政部门和学校的约束和管理始终是一种外在力量，如果不能转化为个人化专业发展的内驱力，那么教师依然很难获得专业水平的提升。在个人化专业发展的视导模式下，视导人员要与学校合作，学校要通过教育、引导和激励，引领和鼓励教师采取独立自主的方式，参照视导标准制定自己的教学工作目标，并对照视导标准进行自我评估、自我反思。在此过程中，教学视导人员会给教师提供专业指导和帮助。这是一种由教师自行设定并实现教学工作目标，视导人员和教师共同评价教学工作并提出改进策略的一种视导方式。个人化专业发展视导模式可分为五个步骤：教师制定发展目标和计划，视导人员审核，召开双方参加的目标设定会议，进行形成性评价，完成终结性评价。这种视导方式经济、省时，能够最大限度地调动教师自我管理、自我发展的积极性。

（二）教学视导的步骤和方法

1. 教学视导前的准备阶段

教学视导之前，要做好一系列前期准备工作。主要的准备工作包括：准备好相关学校及其教学情况的资料，事先了解教职工队伍构成情况、生源情况、家长和社区情况等；通过印发材料的方式，向视导人员明确视导工作目的、各项视导指标、视导方法等，提高视导工作的目的性和科学性，必要时还可以对视导人员进行业务培训；进校之前召开视导人员会议，拟定视导方案和具体日程安排，做好人员分工；与学校和教师沟通好现场视导的时间、地点等。

2. 现场视导阶段

视导人员进入学校之后，视导工作一般包括以下流程：利用课堂观察工具集中时间全面听课，把重点放在课堂教学上，要尽量听到每位教师的课，或者按照事先约定的计划有针对性地对教师和学科进行课堂观察；也可以对学校领导的教学管理和全体教师的教学常规活动进行深入细致的"看""查""访"，视导人员可分头同时开展工作；视导人员集中汇总视导情况，进行量化评分，并准备交换意见的提纲和有关材料；与学校领导、教师交换视导综合意见，提出如何改进教学工作、提高教学质量的具体建议。

依据工作目的和方式的不同，视导人员进入学校后的现场工作方法主要有观察、倾听、查阅、访谈、测量、评价、指导等。

3. 教学视导的总结与反馈阶段

第一，处理教学视导材料。经过进校开展观察、听课、查阅、访谈、测量等方面的工作，视导人员每次教学视导之后都会收集到大量的有关学校教学管理、教师课堂教学、作业以及学业成绩等众多资料。在教学视导结束之后，教育督导机构要组织专门人员对有关视导材料进行数据分析、归类和整理。对于所收集到的视导的典型经验还可以在所辖范围内进行通报，推广先进的教学及管理经验。督导机构还要将视导过程中遇到的典型问题、先进经验等向上级政府或教育行政部门进行反馈，为政府和教育行政部门的决策提供支持信息。

第二，撰写教学视导报告。教学视导工作结束之后，视导人员需要及时写出教学视导报告。教学视导报告是对学校教学视导工作的正式评价，既是考核学校教学工作的依据，也是政府加强教育行政管理的依据。教学视导报告的主要内容包括：介绍视导的基本情况，包括视导时间、视导人员、视导对象、视导重点、视导方法、视导数据统计等；介绍视导学校的基本情况，包括师生基本情况、领导成员、教师的结构、家长与社区情况等；对视导学校的教学工作进行总体评价；总结学校教学工作的经验和成绩；指出学校教学工作中存在的问题，并分析产生问题的原因；总结分析视导的效果，撰写视导工作后记。在实际的撰写过程中，视导人员可以根据实际情况对上述方面的内容作出调整或增减。

第三，正式反馈教学视导结果。主要的工作包括：将教学视导报告正式文本主送被视导学校，抄送主管教育行政部门、政府、上级督导部门，对视导过程中发现的一些重要问题还要及时向有关领导单位作专题汇报。如果有必要，则还可以将视导报告摘要印发给被视导学校的家长、社区代表。正式反馈视导结果时，一般需要召开正式会议，向学校讲明视导报告的主要内容，并听取学校的看法。为了进一步完善教学视导结果反馈工作，可以建立视导结果通报和公报制度，包括在教育系统内部通报视导结果，也可以通过互联网、报刊等媒体公布对学校的视导评估结果，这有利于推动教学视导工作的透明化和公开化，强化社会监督，形成推动学校发展的良性社会氛围。

第四，回访。教育视导机构要针对学校教学存在的突出问题，下发限期整改意见书，具体列出整改内容，提出整改要求，明确整改时限。学校要在规定时限内完成整改任务，并向教育视导机构报告教学工作整改情况。教育视导机构要根据实际情况，进行必要的回访，主要是复查和指导整改工作，督促学校改进落实。

（三）提高教学视导科学性和专业性的策略

1. 树立伙伴合作的教学视导观念

传统的教学视导主要是一种行政行为，视导人员代表政府对学校教学工作进行考核与评价，主要是看纳税人所缴纳的税收在学校是否被有效利用，其主要指标就是考查学校教学管理和学生的学业成绩情况。而现代教学视导的基本观念已经由注重对学校的考核评估转向通过教学视导，促进学校主动提高教学质量，同时促进教师的专业化发展，因此更加强调视导人员为学校教学管理和教师教学工作提供有效的专业指导。视导人员不是高高在上的评判者，而是促进学校教学质量提高与教师专业发展的平等的合作伙伴。

2. 进行专项评估，编制合理的指标体系

教学视导是一种专项评估，主要目的是促进教师的专业发展和学校教学质量的提高。

在明确了教学视导的目的之后，需要编制科学、合理、可测的教学视导评估指标体系。该体系应该包括教学管理、教师教学和学生成长三个方面。其中，学生成长指标不仅要包括学生所学知识，同时还要体现学生能力发展情况以及学生的学习态度和情感状况。通过明确视导目的的发展性，设立指标，可以加强对教学过程和管理过程的观察、检查和评估，重点检验学校教学管理和教师专业发展的进步幅度与速度。同时，还要设立学校教学自主发展方面的指标，重点检查与指导学校教学通过规划、实施、自评与自我监控而不断地改进和发展的情况，以促进学校教学和教师个人自主、持续的发展。

3. 规范数据分析

对于学校教学相关资料的收集一定要全面系统，收集资料的方法要科学，这就要求在视导之前的准备阶段，视导机构要系统编制一系列课堂观察工具和调查工具，包括学生学习态度、满意度、效能感等调查问卷，教师巡回路线图，教学程序观察表，学生学习小组观察表，教师提问与理答行为分析表，等等。对所收集的教学视导数据，利用社会科学统计软件和有关的统计量进行定性和定量的数据分析，进行编码、归类和分析，整理归档，可以为有效对学校进行全面、科学的评估和指导提供规范的方法和充足的数据。这就是用事实说话，用规范的方法和研究工具替代经验式、感觉式的评课，对教师的教学改进和专业成长具有举足轻重的作用。

4. 提高教学视导人员的专业水平

建设一支数量充足、结构合理、素质较高的视导人员队伍，是科学实施教学视导的基础和保证。如果视导人员在专业知识和方法方面不合格，不了解视导的目的和要求，不熟悉视导的指标体系，那么他是不可能对学校教学工作进行科学

视导的，更不可能为教师的专业发展提供有效的建议。因此，科学开展教学视导工作，首先要求教学视导人员具有较高的思想政治素质和教育专业造诣，并有一定的教学工作经历和实践经验。在结构方面，可采用专职视导人员与兼职视导人员相结合、官员型视导人员与专家型视导人员相结合、老中青视导人员相结合等形式，保证视导队伍在年龄结构、知识结构上的合理性与科学性，同时也可以做到优势互补，以深入而全面地开展视导工作。

5. 充分利用教学视导结果

教学视导的目的是推动学校教学工作，不是为了视导而视导、为了评估而评估。视导能否达到目的，关键就在于结果如何处理。广义的教学视导具有行政用途和专业发展用途。在通常情况下，视导活动结束后，视导人员要向被视导单位和有关部门反馈视导情况，写出视导报告。视导结果应成为学校改进教学工作的依据。各级政府和教育行政部门要认真研究视导报告，对学校教学存在的问题要限期整改，并确定回访检查的时间；要在一定范围内以一定的形式公布视导结果，如发公报、内参、通报等，引起社会各界对学校教学的关注和监督、重视和支持，增强评估的透明度，提高评估的效度；要把教学视导结果作为学校评级、评先和考核校长及分配高一级学校招生指标的重要依据，并与教师的利益挂钩。

四、教学评价

（一）教学评价的功能

1. 教学导向功能

评价是教学的"指挥棒"。教学评价所设定的目标、指标、标准对被评价者来说，起着引导的作用，引导评价对象朝着设定的目标和评价标准而努力。教学评价的结果，实际上是树立了什么样的学生是好学生、什么样的教师是好教师、什么样的学校是好学校的标准，必然对教学及其管理工作产生导向作用。因此，在教学评价中，评价者要科学、严谨地制定评价目标、指标和标准，体现教学评价的科学性、全面性和发展性，引导教学工作确立正确的方向。

2. 教学诊断功能

教学评价通过收集学校教学工作各方面的数据，可以全面地了解教学工作情况，并运用科学的分析方法判断学校教学的质量、成效和不足。教学评价不仅能够评价学校教学目标的达成度，还可以解释未达成教学目标的原因，是对学校教学工作所进行的一次全面、严谨的诊断，通过揭示问题，可以为今后的改进工作指明方向。

3. 教学激励功能

教学评价对教师和学生都具有监督和强化作用，科学、公正的教学评价对师生来说都是一种激励。好的评价结果可以使他们看到所付出努力的回报，激发他们向更高目标努力的斗志；不好的评价结果，如果处理得当，则可以让师生深入反思问题之所在，找出正确的方向和方法，让他们继续努力改进教与学。教学评价既给学校、教师、学生带来了压力，也给他们带来了动力；既可以激励先进，也可以鞭策后进。

4. 教学管理功能

评价是学校教师管理和教务管理的重要环节。教学评价中对教师的表现作出鉴定，可以使学校了解教师的工作情况，作为教师考核、晋升的依据，防止教学中的"大锅饭"。同时，教学评价中对学生学习等各方面进行的考查和鉴定，也可以作为学生编班、分组、升学的依据。

5. 教学调节功能

教学评价发出的信息可以使师生随时了解自己的教和学的情况，教师和学生可以根据评价反馈信息及时修订计划，调整教与学的行为，从而更为有效地达到目标。

6. 教学促进功能

评价贯穿于教学的全过程。教学评价的主要方法包括测验、观察、提问、作业检查、听课和评课等，而这些方面都与教学密不可分，在一定程度上可以认为，评价本身也是一种教学活动。在这个活动中，学生的知识水平、技能、品德素养将获得提升。因此，可以认为，评价是促进学生发展的重要手段。

（二）教学评价的类型

1. 评价基准的角度

（1）相对评价

相对评价是以样本总体中的平均状况为基准，将评价对象的测量结果与基准相比较，确定评价对象在整体中所处的相对位置。在这里，评价对象既包括学生，也包括教师和学校。每一个评价对象都会在总体中处于某个特定的位置。

这种评价方式有利于在评价对象之间进行横向比较，能够有效地甄别优劣，可以激发评价对象的竞争意识和成就动机，适用性广，能反映出评价对象之间的差异。但是，由于评价对象所在的样本总体的教学质量水平不一（不等质），所以，不能比较两个不同地域的学校、不同学校的教师以及学生的实际水平。这种评价方式更加注重比较评价对象所处的位置，具有选拔性的特征，不利于考查评价对象是否完成了既定的教学质量目标，难以确定教学质量目标的达成度。另外，竞争性的优选评价，也可能会挫伤一部分评价对象的积极性。

（2）绝对评价

评价主体根据学校教育目标制定教学评价基准，通过评价了解和评判评价对象的教学目标达成度，了解学校教学质量与教学目标的距离、存在的问题及面临的现实困难，从而提出教学改进的对策。绝对评价的中心目的不是比较评价对象在总体中的相对位置，而是重点考查教学目标标准的达成度。这种评价方法的优点是鼓励评价对象向着所设定的目标前进，可以明确地分析和评价评价对象的发展状况与评价目标之间是否存在差距，以及存在多大的差距，把学校教学的关注点吸引到实现发展性的目标上来。但是，在现实的教学中，评价主体所树立的绝对评价标准与学校现实、教师能力和学生素质之间是存在差距的，这就意味着不是每个评价对象都能够达到评价的基准。同时，绝对评价需要制定一个科学、客观的评价基准，但是在教学评估实践中，制定一个客观的、科学的评价基准是非常困难的，往往需要投入大量的资源、时间和人力，而且制定出来的评价基准也不一定为所有的评价对象所接受，这就增加了教学评价的不确定性。

（3）个体内差异评价

这种评价方式不注重评价对象之间的对比，甚至也不注重评价对象与评价主体设定的客观基准的对比，而是在尊重个性、发展特长的基础上提出来的一种以评价对象的过去某个时间点（段）的素质特征为基准的评价模式。个体内差异评价更加注重个体自身发展历程的纵向比较。这是一种发展性评价或增值性评价，可以充分地照顾到评价对象之间的个体差异，充分反映个体的特征和发展变化成果与趋势。但是，个体内差异评价没有客观的标准，很容易使被评价者坐井观天，自我满足，反而使得其止步不前。要克服这一局限性，通常要将个体内差异评价与相对评价、绝对评价综合起来加以运用。

2. 评价功能的角度

（1）诊断性评价

诊断性评价又称为准备性评价或前置性评价，是在教学活动开始之前对评价对象的学习或教学工作准备情况以及可能遇到的特殊困难进行诊断，以便有针对性地开展教学和指导工作。诊断性评价一般在课程实施、学期、学年的开始阶段或教学过程中需要的时候进行。诊断性评价可以事先了解评价对象的学习、教学和管理工作准备情况，明确教学工作和学生学习的起点，为开展教学活动提供依据，并能了解评价对象的差异性特征以及遇到的特殊困难，以便在教学活动中采取特殊的补救措施。诊断性评价的主要方法有：查询教学工作记录，分析学生以往成绩，对学生的学习进行摸底测验，进行智力测验和学习态度测验，观察和访谈，等等。

（2）形成性评价

形成性评价也称为发展性评价，它的目的在于了解教师的教学过程，考查教学内容的安排是否合理、教学策略的运用是否得当，随时了解和掌握学生的学习情况，分析教学实践中的长处和短处，以改进教学，促进教师专业发展。它能及时了解学校的情况、存在的问题等，以便及时反馈，及时调整和改进学校工作。形成性评价在教学工作中会经常进行。形成性评价有绝对评价的性质，即它着重于判断前期工作达成教学目标的情况。形成性评价更注重对教学过程的评价，评价结果不是为了实施奖惩，而是为了随时提供教学成效反馈来改进教与学。实践表明，形成性评价对重视学校教学工作过程，提高教学的过程性质量，进而促进学校教学质量的整体提升，具有重要的价值。

（3）终结性评价

终结性评价是对一个学年、学段的某个学科的教学工作质量的总体评价，如学年的期终考试、结业考试和升学考试等。其目的在于对学生的学习质量作出总结性的评价，同时也对学校和教师的教学工作进行整体评估。终结性评价注重的是教与学的结果，借此对评价对象的绩效进行全面鉴定，区分等级，评价结果通常对实施奖惩或升学至关重要。

3. 评价方式的角度

（1）定量评价

定量评价是指运用数学的方法收集和处理教学评价的数据资料，对教学评价结果进行量化的描述、分析和判断，从而得出量化结论的评价方式。定量评价运用的方法主要包括教育测量与教育统计方法，对评价对象的特性用数值进行描述和判断。定量评价具有客观化、标准化、精确化、简便化的特征，在以甄别、选拔为主要目的的教学评价中是最为主要的评价方式。但是定量评价往往只能测量到评价对象的行为和特性中能够量化测量的部分，而容易忽略那些难以量化的重要品质和行为，如思想态度、思维过程等，并不能完全反映评价对象的整体素质水平。

（2）定性评价

定性评价侧重于根据评价对象平时的表现、反映教与学的整体状况或状态的文献资料、文字材料进行观察和评析，在此基础上对评价对象做出定性结论的价值判断。通常采用的方法有评语法、评定等级法等。定性评价更加强调评价主体自身所拥有的经验、知识基础和专业判断力，更加关注对教与学的整体过程进行系统的考查和评估，并对个体的独特性作出质性的分析与解释。但是，定性评价的标准有时比较笼统，主观随意性较大，易受评价主体个人好恶倾向的影响，难以做到精确和客观。

应当指出的是，定性评价与定量评价并不是截然分开的。事实上，定量分析指标的设立也要建立在定性预测的基础上，而现代定性分析方法同样也可以在对文本资料进行归类、编码的基础上用数学工具计算。因此，定性评价与定量评价是相辅相成的，二者结合起来才能取得最佳的教学评价效果。

（三）教学评价指标体系

1. 确定各级评价指标

学校教学评价指标体系主要包括学校教学管理、教师教学过程、学生学业成就、教学研究工作四个基本的方面。教师教学行为评价可从备课、上课、作业、辅导等方面去评价。课堂教学评价可以以教学目标、教学过程、教学效果教学基本功为一级指标。以上所列的各层次的几个方面可构成教学评价的一级指标。一级指标又可以再次细分为二级指标、三级指标等等，一般来说，一级指标具有较高的抽象程度，指标层级越往下分，指标就越具体，越具有可操作性。从理论上来说，指标层级越多，评价越细致，精确度就会越高，但是如果评价指标超过五个层级，一般人就很难掌握，反而不利于教学评价的有效实施。一般来说，评价指标体系以一至三级指标为宜。指标确定之后，确立每个指标的标准，为教学评价决断提供依据。

2. 设置评价指标的权重

指标权重是指在其他因素保持不变的情况下，某项教育评价指标的变化对教学评价结果的影响程度。权重系统地反映出各个评价指标对评价结果的影响因子。在实际的学校教学中，教学管理、教师教学、学业成就、教研工作等的变化对教学评价结果的影响情况是不同的。但是，这个"不同"到底有多大，需要对评价指标体系实施预评价和试测，通过统计分析预评价和试测结果，运用回归分析法、专家意见法、关键特征调查法、层次分析法等多种方法来计量不同的指标变化对教学评价结果的影响程度。在此基础上，设置教学评价的一级指标、二级指标、三级指标等具体指标的权重。只有给各级每一个指标都设置了具体的权重，各级各类评价指标才能形成一个体系，才能保证评价的科学性。

需要指出的是，在教学评价指标体系中，各指标权重既是客观统计分析的结果，同时还体现了国家和社会对学校教育的价值追求。在素质教育和课程改革的背景下，学生的综合素质是教学评价的核心，教学评价目标的设置要体现发展性，因此在评价指标的权重方面，会更多地赋予那些能够促进学生综合素质全面发展的指标以更大的权重。

3. 检验与修正评价指标

确定各级评价指标及其权重，就制定出了一个教学评价指标体系的初步方案。这个初步的评价指标体系仅仅是书面的文字，它能否有效地反映学校教学工作的现状、问题和特征，还有待评价实践的检验。只有经过评价实践检验的指标体系才是有效的，才能被接受。因此，需要将所涉及的教学评价指标体系在一定范围的学校教学评价实践中进行检验。检验的主要内容包括评估收集评价资料的可行性、标准的全面性与互斥性、可比较性等方面。根据检验的结果对教学评价指标体系进行修正和完善。教学评价指标体系在得到验证和修改完善之后，才能够正式投入使用。在以后的使用中，还要根据学校教学的实际情况以及教育事业的改革与发展不断修订完善。

(四) 教学评价的过程

1. 制订教学评价方案

制订评价方案是实施教学评价的第一步。教学评价方案的主要内容包括评价目的、评价对象、评价标准、组织实施、评价方法、实施期限、评价报告完成时间、评价报告接受的单位或个人、预算等方面。

教学评价方案的制订包括以下几个步骤：第一，要明确教学评价的目的依据。党和国家的教育方针和教育目的、培养人才的规格和要求、课程计划与课程标准以及学校培养目标是制订评价方案的基本依据。第二，要明确教学评价希望考查和评判的主要问题。教学评价可以是对学校教学的整体进行考核评估，也可以针对教学工作的某个具体方面进行评价，如教师备课情况、教师上课情况、学生学业成绩、教学管理工作等方面。第三，在明确目的依据和主要问题的基础上，确定教学评价指标体系。如果已经有了比较成熟的指标体系，就可以直接使用；如果指标体系不成熟，则需要经过试测、检验、修改完善后才能使用。第四，确定收集教学工作信息的方法和评价的具体方法。根据评价指标体系确定的项目来确定收集学校教学工作的数据和资料的方法，如观察、测量、访谈等，并制定信息收集流程图，保证信息收集的完整性和客观性。根据评价基准、评价方式、评价功能的不同，选择适合的评价方法。

2. 实施评价方案

评价方案的实施就是根据教学评价方案具体开展教学评价工作，即收集评价资料和数据，分析和处理评价资料和数据，最终得出教学评价结论。

首先，运用学业成绩测量、作业分析、问卷调查、听课、访谈、观察、查阅学习档案袋等定量和定性相结合的方法，系统地、全面地收集教学工作相关信息。根据教学评价指标体系对所收集到的学校教学工作资料和数据进行归类、整理。

其次，选择与运用合适的分析方法，对收集到的教学工作数据和资料进行定性和定量分析，在分析的基础上，对学生学习、教师教学、学校教学管理工作进行客观的描述。将教学工作情况与所设定的相对评价、绝对评价和个体内差异评价的各种标准进行比较，分析学校教学目标的达成度以及教师、学生发展状况和存在的问题，揭示存在问题的原因。

最后，汇总教学评价的各个子项目和各方面的评价结果，最终形成对学校教学工作的总体评价结论，同时针对存在的问题，提出教学改进建议。

3. 撰写教学评价报告

报告的撰写者是评价主体。无论是自我评价还是他人评价，教学评价报告的写法都没有差别，主要内容包括两大部分，即封面和正文。

为了提高评价报告的传递效率，教学评估报告的封面通常包括以下信息：评价报告的名称，评价目的，评价的组织者或评价主体单位的姓名或名称，评价报告接受单位、部门或个人的名称或姓名，评价方案实施和完成的时间，呈送评价报告的时间，建议作出决策或指定教学改进工作计划的期限。

正文是教学评价报告的主体部分，主要包括三个方面的内容。

一是描述教学评价方案的实施过程。主要内容有：叙述收集和分析处理教学评价信息的过程；分析在评价实施方案中遇到的问题和处理评价信息遇到的困难；说明评价主体和评价对象有无违反教学视导或评价的工作纪律的情况。

二是教学评价结果分析。主要内容有：叙述教学评价收集和分析资料、数据的方法；分析学校教学工作目标达成度和教师、学生的发展程度；分析学校教学工作的整体情况和存在的问题原因。

三是结论与建议。在组织评价人员讨论的基础上，将教学评价结果汇总，形成学校教学评价的最终结论，并提出改进的意见或建议。

4. 反馈教学评价报告

评价结束后就要把教学评价报告传递给报告的接受者，促使其采取行动作出改进教学工作的决策并采取具体的教学改进措施。报告反馈一般有三种形式：将教学评价报告反馈给学校或教师，促使其改进教学工作，并听取其对教学评价报告的看法或意见；将教学评估报告反馈给教育行政部门或督导评估部门，为提高和改进教学工作提供支持性的信息基础；通过媒体公之于众。这样既能够促进教育部门内部和学校之间的相互学习和借鉴，还能够获得公众对教育工作的理解和支持，形成舆论监督的氛围，督促评价对象改进工作。

在反馈教学评价报告时，既要保持评价反馈的严肃性，同时还要创设一种平等相待的气氛。当谈到学校工作的问题时要考虑到学校或其他评价对象的心理承受能力，避免使评价对象产生挫折感和焦虑情绪，甚至引起心理冲突。在平等、轻松的氛围中，通过形式灵活多样的沟通，使评价对象自然、自觉地接受评价结果，并能够对评价结果提出自己的看法或建议，以提高教学评价报告反馈工作的可接受性和有效性。

（五）教学评价心理调控

1. 不良的心理现象

（1）首因效应

首因效应也叫第一印象效应，是指评价主体第一次接触评价对象时的印象会影响到其后对评价对象的总体印象，进而影响到教学评价效果。

（2）近因效应

与首因效应相反，近因效应是指在教学评价过程中，在多种教学相关信息不断呈现在评价主体面前的时候，评价主体印象的形成主要取决于后来出现的信息。这也就是说在教学评价过程中，评价主体对学校和教师提供的最近、最新的信息的印象占了主体地位，掩盖了以往形成的对教学的评价，因此也称为新颖效应。

（3）光环效应

光环效应也被称为晕轮效应，是指评价主体从评价对象某一突出特点或已有的印象出发而形成一个整体印象，影响到其他具体评估活动，即在教学评价过程中只看到某一突出的优点或特色而不关注其他。

（4）对比效应

该效应是指教学评价主体对不同的评价对象进行评价时，由于对他们之间的对比而影响评价主体评价的客观性的一种心理现象。在这种心理的影响下，评价主体在评价时已偏离了既定的客观标准，所以教学评价的结果也就不准确了。

（5）先后效应

该效应是指评价主体在评估过程中由于疲劳以及自身注意、情感、动机等心理变化，评估先后掌握标准不一致或不统一的心理现象。

（6）求全效应

求全效应是指对学校教学工作求全责备，不能客观地看待学校教学工作所取得的成效。在这种心理的影响下，如果某一项或几项工作没有达到上级教育行政部门和学校所设立的评价标准，评价主体就会认为学校工作一无是处。

（7）刻板效应

刻板效应又称定型效应，是指评价主体将刻印在自己头脑中的关于某类学校、某一类教师的固定印象，作为判断和评价学校、教师教学工作依据的一种心理现象。

（8）趋中效应

趋中效应是指评价主体在教学评价时既不愿意给业绩优良的学校以高的评分，也不愿意给业绩低劣的学校打低分，导致对学校和教师的评价结果趋于向中间状态集中，评价结果没有区分度，使得评价失去了应有的激励功能、诊断功能和导向功能。

（9）评价恐惧

评价恐惧是学校和教师作为评价对象而出现的不良心理现象。因为知道教学评价结果可能会影响到自己的职位、职称晋升，津贴福利待遇，以及上级行政机关对学校的评价等，学校管理者和教师可能会对评价产生一种畏惧心理，不愿意接受评价，或者一听说评价就感到十分紧张。

2. 克服不良的心理现象

为了保证教学评价的科学性、客观性和可靠性，就必须采取措施克服上述不良的心理现象。从评价主体的角度来说，需要采取的措施如下。

首先，通过严格考核的方式选拔评价主体。选择思想觉悟高、经验丰富、能力突出、熟练运用教学评价方法的人担任学校教学的评价主体，同时加强对评价主体业务能力的培训，不断提升其思想道德修养，形成一支高素质的教学评价队伍。

其次，通过设立科学的评价指标体系、编制评价量表、建立回避制度等方面的制度建设，从管理上避免这些消极的评价心理现象的出现。

最后，交替采用多种评价方式，克服采用单一的评价方式所可能带来的不良心理效应。

对于被评价者的心理调控来说，需要采取的主要措施如下。

首先，要提高他们对教学评价工作的认识水平，通过会议动员、主题讲解等方式，使他们认识到教学评价的主要功能在于通过评价提高教学质量，而不仅仅是简单地对学校进行奖惩。

其次，在评价指标体系的制定、评价程序方面要听取评价对象的意见和建议，增强评价过程的参与性，打破评价的神秘主义。

最后，以通知、讲解的方式使评价对象知晓评价的具体日程安排和各项工作标准，做到心中有数，这样他们才能消除对评价的畏惧心理，积极主动地配合教学评价工作的开展。

第六章　学校教师与学生管理

第一节　教师管理

一、教师管理的内涵及意义

（一）教师管理的内涵

教师是向受教育者传递人类积累的科学文化知识和进行思想品德教育的专业人员，教师管理历来是教育管理的一个重要领域。教师管理是学校对教师教学、科研活动进行组织、协调、安排、控制的总称，它是学校教务管理人员在党的教育方针的指导下，按照一定的标准，运用多种手段，有目的、有计划、有组织地对教师教学、科研活动进行管理，从而将学生培养成为现代化建设的合格人才的过程。

从历史的角度来看，教师管理的内容是随着教育事业的发展而逐渐丰富完善起来的。一般认为，现代教师管理的基本内容应主要包括：教师的任用，即制定教师队伍发展规划，对外招聘教师，对内进行教师岗位的聘任；教师的培训，即提出一定的要求，提供一定的条件，通过多种方式更新教师的知识，提高教师的能力；教师的激励，即通过满足教师合理的需求来提高教师的工作积极性。事实上，就教师管理的内容细节而言，不仅各国之间存在着较大的差异，而且，随着社会对教师职业性质认识的深化和对教师专业要求的提高，其内容也在不断地发展和变化。

(二) 教师管理的意义

1. 教师管理是学校管理的重要组成部分

教师是学校最基本的组织元素之一。在学校教育过程中，教师要根据政府和学校的要求以及学生身心发展的规律和特点，创造性地贯彻执行教育教学计划，有计划地对学生进行教育和培养，从而为社会培育合格的公民。为了使教师能够准确理解国家的教育方针，正确认识学生身心发展的规律，同时也为了充分调动教师的工作积极性，保证教育教学工作的质量，政府和学校就必须制定相关的教师管理制度和规范。因此，教师管理必然是学校组织运行的基本前提和学校管理的一个重要组成部分。

2. 教师管理是教育改革成功的重要保障

教育改革是世界各国教育事业发展中的长久命题，它给各国的教育事业发展带来了勃勃的生机。然而从严格意义上说，教育改革只是一个价值中立的命题。它强调变革的事实，而并不涉及价值判断。因此，教育改革并不等于教育进步。只有当教育改革获得成功时，教育改革才能体现其积极的进步意义。教育改革的成功需要多种条件来做保障，其中教师的素质甚为关键。因为教师是新的教育思想、新的教育方法、新的教育措施的最终贯彻者和执行者。为了使教师队伍的状况符合教育改革的要求，政府和学校往往需要制定一系列教师管理的新政策、新措施，以提高教师队伍的素质并激励教师积极投身于教育改革之中。从这个意义上说，教师管理是教育改革成功的重要保障。

3. 教师管理是教师成长发展的重要条件

教师的专业成长与发展一方面有赖于教师自身的终身学习意识和自我完善的要求，另一方面也取决于政府和学校为教师的专业成长所提供的客观条件。因此，现代的教师管理应当是一个含义宽泛的概念，它不仅是指对教师的使用和管辖，而且还应包括如何通过建立集体教研、教师进修、职务培训、梯队建设等方面的制度和措施，为教师的成长发展提供良好的环境条件。

二、教师的聘用

(一) 教学人员的招聘

1. 招聘准备

(1) 岗位分析

岗位分析的重心是岗位本身而不是岗位占有者。岗位直接由组织控制，并具有特有的固定的特点，所以岗位分析是指导人们了解岗位的任务是什么、如何完成任务，为什么要完成这些任务。岗位分析通过观察和研究把学校组织成员担任的每一项工作进行分析，搞清楚各项工作的本质特征以及与学校其他工作的关系，为岗位职责、任职条件提供依据。

(2) 岗位说明

在岗位分析的基础上，以文本的形式对岗位工作的任务、职责、要求、任职标准等进行详细说明。岗位说明书主要载明：工作名称、编号、所属部门；工作的范围与具体内容；工作的特殊事项。学校岗位说明把每一个岗位的工作任务、范围、内容、要求做具体说明。各方面人员的岗位任务、工作范围、工作要求以及需要特别注意的问题应在岗位说明书中详细载明。

(3) 岗位规范

岗位规范是对该岗位需要的人的素质等做出的要求。有人用七项内容评测岗位与应聘者合适的程度：身体（健康、外貌）、学识才能（教育背景、资历、经历）、一般智力（智力水平）、特殊才能（动手能力、数字和交际能力）、兴趣点（文化、体育）、性情（可爱程度、可靠性与主见性）和特殊条件等。学校岗位规范就是各岗位人员应具备的条件。只要在法律许可的范围内，学校可以根据本校的条件和岗位职责提出具体的聘任标准或任职资格。

(4) 关键要求

学校是分层次的，学校内部工作是分类别的。为了招聘到合适的人员，需要对各种岗位的关键部分提出要求。例如心理咨询教师要特别具备心理学知识和心理咨询能力，电脑教师要求精通电脑业务。

（5）申请表格

为了让学校能够招聘到合适的人员，需要为申请人设计规范的表格，以便申请人根据要求填写有关内容。一般来说，申请表格的主要项目有：姓名、年龄、性别、学习经历、工作经历、工作成果（例如研究成果、教学成果等）、获得奖励、行为表现、兴趣爱好和单位证明等。申请人根据表格的要求如实地填写。

2. 招聘过程

（1）吸引应聘者

做好了招聘的准备工作后，就需要通过各种途径吸引应聘者。岗位规范和关键要求对学校所需要的理想人员规格做了简要的说明。岗位说明书中对空缺岗位的责任、目标和工作范围做了说明。这些材料可以用于招聘广告，同时要求应聘者提供相应的资料。一所学校能否吸引较多的应聘者，取决于多种因素，主要有：学校的目标与发展前景，学校的形象和声誉，学校的工资福利待遇，学校中发展的机会，学校的地点与工作条件等。

（2）广开招聘渠道

在信息化社会中，学校招聘有多种渠道。首先，重视在学校内部寻求合适的人选，开展学校内部招聘活动。

（3）确定候选人

根据学校用人要求，对应聘者进行资格审查，筛选出那些背景和条件符合岗位规范需要的候选人。候选人一般来说都会提供简历和申请表格。这两份材料都是有用的。简历可以使应聘者以展示其书面交流能力的方式说明自己的资历和经历。同申请表格相比，简历写什么和不写什么是由应聘者自己把握的，有时可以请专业人员帮忙，所以，简历不一定完全可信。所以，学校人事部门对简历中所提供的信息要认真地分析，提取简历或申请书中有用的信息，不要受无用信息的误导。学校用人部门为应聘者设计的专门申请表简洁、可靠，因为表格中的各个项目都是经过精心选择的，能够提供学校所需要的信息。但申请表格可能过于简单，不能使应聘者的素质全面地表现出来。对应聘者进行筛选的时候把简历和申请表综合起来考虑比较合适。无论采用何种手段，学校都要掌握应聘者的年龄、婚姻状况、国籍、教育背景、资历、培训、经历、目前的工资、特殊才能、健康状况、业余爱好以及求职的原因和去职的原因等。

3. 选拔程序

（1）笔试

笔试是当前我国各类人员选拔常用的手段。例如我国领导干部公开选拔要求应聘者参加笔试。我国教学人员选拔的第一步往往是从笔试开始。笔试内容是岗位规范所需要的专业知识和技能、一般的知识和技能。选拔教师，需要考试二三方面的内容：学科专业知识和能力、教育专业知识和技能以及综合知识和能力。选拔校长或学校内的中层干部，主要考试的内容有：教育管理方面的知识和能力、学校教育综合知识和能力、一般的文化知识和能力。但在短短的一两个小时里很难测试出应聘者是否具有招聘岗位所需要的能力。因此，考试固然重要，还需要其他测试的配合。

（2）面试

经过选拔笔试后，一部分人员进入到面试阶段。面试提供了一个真实的双向交流的机会，通过直接的交流可以发现候选人是否符合岗位规范要求。岗位面试有多种形式，既可以是非结构化的，也可以是结构化的。非结构化面试是一种无拘无束的交谈，面试的问题随着面试的进程展开，但这种面试对岗位任职所需要的信息的提供十分有限，提供的信息和其他人的信息没有可比性。结构化的面试是通过一系列的预先设计好的问题进行面试，对所有的候选人都做出相应的评价。预设问题针对的主要是应试者对岗位规范的知识和技能的掌握情况。结构性的面试可以消除非结构化面试的缺陷。面试可以分为单个面试、小组面试和群组面试。单个面试即一个面试者对应试者一个一个的面试；小组面试是由一组面试者对应试者一个一个的面试；群组面试是应试者小组对一个以上的应试者进行面试。

但面试也存在着一些缺陷，如凭主观印象给予评价、先入为主、爱屋及乌以及面试小组无法统一意见等。为了减少面试中存在的偏差，可以采取以下策略：一是对参加面试的领导和专家进行适当的培训；二是提前向面试小组提供所需要的资料，例如岗位规范、岗位说明书、应聘者的简历和申请书等；三是选择合适的地点作为面试的场所；四是对面试的时间进行合理的安排；五是除了要求应试者回答一些简单的问题，还可以让其回答一些开放性的问题；六是在面试专家或领导提问之前，可以让应试者提出一些问题；七是把心理测试、证明人的书面说明与面试结果结合起来考虑；八是小组面试可能比一对一的面试更为客观一些。还有其他一些方法，如情境面试，即根据岗位要求，设计一些问题，让应试者提出解决问题的办法；模式化行为描述面试，即了解应试者过去的行为模式，预测其对新工作岗位的可能的行为。

（3）心理测试

心理测试是国内外人事选拔的一种重要手段。在人才选拔中，心理测试是根据应聘岗位的要求对应聘者进行认知和个性的测试。认知测试主要就数字、语言、反映等能力进行测试，这些方面测试得高分的往往是智商比较高的人，对教育工作尤其有帮助。个性测试主要包括对情绪、情感、兴趣、意志、志向等方面的测试。情绪稳定、情感丰富、兴趣较广、意志坚定、志向较高对一个人做好工作是十分重要的。此外还有才能测试和成就测试。才能测试主要是对特定能力的测试，根据不同岗位对能力的要求设计测试工具。不同的教育组织和教育组织中不同的工作岗位对才能的要求是不一样的。教育管理人员的才能主要集中在管理才能方面，而教师的才能主要体现在教育教学能力方面。成就测试则主要是对应聘者已经拥有的能力和技能的测试。

（4）工作模拟测试

工作模拟测试是通过模拟岗位的实际情境，让应聘者在这一情境中处理所面对的问题，然后评估应聘者的表现。通过这种测试可以发现应聘者是否具有聘任岗位所需要的能力。学校招聘教师时常常会让应聘者试讲，根据对多位试讲者情况的评估和比较，就可以发现合适的人选。管理人员选拔的模拟测试稍微困难一些，但也是可以施行的。例如通过录像或文字描述一所学校所面对的某一个问题，然后请应聘者提出解决问题的方案或措施。

（5）推荐和证明

推荐人或证明人的推荐或证明是了解应聘者的思想、品德、学业和能力的重要途径。一般来说，岗位招聘需要一至两位熟悉应聘者的人推荐或证明。推荐或证明的内容主要有：被推荐者的思想品德、学业情况、能力表现，是否胜任岗位规范的要求，推荐人或证明人与被推荐人或被证明人的关系、熟悉程度。

（6）征询意见

征询意见是在各种选拔考试和测评之后、正式录用之前，为了对应聘者有更为深刻的了解，学校公开征询校内外人士对拟录用人员的意见。目前我国称这种方式为公示制度。公示制度是把准备录用的人员的名单公布出来，在规定的时间内广泛征询有关人员对拟录用的人员的意见。如果逾期无人提出意见，就正式录用。如果有人提出意见，就需要对这些意见进行认真的研究，然后做出录用或不录用的决定。

（7）正式录用

在征询意见后，对有异议的应聘者再进行审核，决定是否录用，而对没有异议的人员正式录用。正式录用要以书面的形式正式通知被录用者，在被录用者认可后，学校和录用者签订录用合同。录用合同必须符合国家的有关法律法规，不得与之相冲突。录用合同必须明确学校与教职工双方在工作方面的权利与义务的关系。学校对被录用者有哪些权利和义务，受聘者有哪些权利和义务。学校录用合同的主要内容有：工作名称、地点；录用日期、录用期限；工作职责、规章制度；工作时间；报酬情况；变更、终止合同的条款；双方认定的其他必要的条款。

（二）教学人员的聘任

教学人员一经录用就要考虑到对其聘任的问题。任职就是在学校中担任一定的职务。学校不同类别工作人员的职务是不同的。学校领导有校长职务以及其他管理人员职务，学校图书管理人员的职务也有图书管理系列的职务；我们要根据不同的职务来任命不同的人员。学校的主体是教师，许多国家对教师的任职做出了规定。我国《教育法》和《教师法》都规定：国家实行教师职务制度。职务是指一定工作岗位的名称和应该担负的任务。教师职务是根据学校教育教学、科研等实际工作需要设置的有明确职责、任职条件和任期，并需要具备专门的业务知识和相应的学术水平才能担负的专业技术工作岗位。因此，所谓教师职务制度是指国家有关部门对学校教师的岗位设置、各岗位任职的条件和获得该岗位职务的程序等方面规定的总称。

三、教师的培训

（一）培训的内容

培训的内容可以根据不同的对象有所不同，但大致上包括知识培训、技能培训和态度培训。知识培训是促使学校成员对专业知识、专业技能和教育观念进行更新；技能培训主要是教育技术和教育方法的改进；态度培训主要是通过培训在学校中建立互信，培养教职工对学校的忠诚感，使学校组织成员爱护学校、关心学校，形成积极进取的精神状态。

（二）培训的类型

根据培训对象，可以把培训分为新教职工的岗前培训和在职教职工的继续教育。新教职工的岗前培训，主要是对新招聘的人员进行的培训，让其了解学校的历史、现状和未来发展趋势，目的是使新成员对学校有一个总体的认识，建立其对学校的初步感情；同时对其进行岗位职责、知识和技能要求培训。对一位新教师来说，需要使其明确做教师的工作职责、职业规范、伦理道德、教育知识和教育技能等。对在职教职工的继续教育主要是业务知识和技能的更新、新的教育观念的更新、新的教育技术和方法的学习等。

（三）培训的组织

为了做好学校教职工的培训工作，学校要设专门的机构负责培训工作。必须建立和健全专门的培训部门，并由专门人员负责学校内的培训工作。培训组织的主要责任是协助校长制定培训计划、政策和战略，做好培训的管理工作。培训计划主要是根据学校发展的需要制定的，在计划中要确定培训的目的、培训的对象、培训的任务、培训的形式、培训的内容、培训的进度、培训的时间以及培训的费用等。培训政策则是对培训工作的基本规定，激励职工参与培训。培训战略则是对学校中、长期培训工作的重点的安排。此外，要确定好培训的项目，通过调查和研究当前教育改革的现状和趋势，确定合适的培训项目。

（四）培训方式

培训方式多种多样，大致上分为三类。一是系统的培训，包括在职培训和脱产培训。在职培训就是在不影响正常工作的情况下，根据所从事工作的实际需要，有计划地对教职工进行的培训。脱产进修则是离开岗位一段时间，专门进修。二是传授式培训，主要是举办讲座，专门请相关专家做学术报告或学术讲座。另外还可以采取个别指导的方法，例如学校可以选择若干老教师对青年教师进行指导。三是参与式培训。参与式培训的方法比较多，主要有会议、小组培训、角色扮演、模拟训练、头脑风暴法、参观访问、工作轮换、事务处理训练以及影视方法等。会议主要采取研讨式。小组培训旨在促进参加者参与集体的自觉性和协作精神的提高。角色扮演主要是参加者在模拟的环境中扮演特定的角色。模拟训练和角色扮演有类似之处，但更侧重于实际技能的操作培训。头脑风暴是通过问题的讨论，相互启迪，激发创造性思维，促进新思想、新观点的建立。参观访问是组织教职工到一些学校去参观访问，从中学习到新的经验和知识。工作轮换则是指教师或管理人员先后承担不同的工作。以积累经验，提高工作水平。事务处理则是训练教职工有效地处理日常工作。影视方法则是利用现代信息技术对教职工进行培训。

四、教师的评价和激励

（一）教师评价的意义

教师评价是指教育行政部门或学校依据一定的标准对教师的工作状态和工作成就做出判断和评定的过程。教师评价在教师管理中具有重要作用，它可以用来作为人员晋升、工作反馈、岗位调整、解聘等的依据，可以借此了解教师的工作能力，也可以用来设计有效的培训计划。

教师评价和教师考核似乎是两个可以互换的概念。教师评价和教师考核的目标指向略有区别。教师评价的目标一般指向教师工作的改进与提高，而教师考核的目标则往往指向教师的去留与升降。由于"去留与升降"的目标指向在一定程度上束缚了教师考核的视野，因此与教师评价相比，教师考核更容易走入过于强调约束、限制的误区。

关于教师评价的主体，在传统观念中，校长的权力表现形式之一就是评价教师的工作绩效。这种观念的依据是校长要对教师的工作情况负责，因此只有校长来进行评价才有意义。但这种逻辑可能错了。实际上，由于种种原因，校长可能很难对每个教师的情况做出精确的评价，由别人来做这项工作，效果也许更好。可以充当评估者的除了校领导外，还有同事、学生、教师自己。教师之间的相互评价是很有效的评价方式，因为同事之间关系最密切，情况最了解。让教师自己评价自己也很可取，它有助于消除教师对评估过程的抵触情绪，并能有效地刺激教师和校领导就绩效评价问题展开对话和讨论。当然，教师相互评价、学生评价、教师自我评价等都有其不足的一面。最好的教师评价是将各类评估者的意见综合起来。

（二）教师评价的内容

教师评价的内容通常包括三个方面：一是教学任务完成的情况；二是师德状况；三是教师的工作行为态度。必须指出的是，我们不能单纯以学生的考试成绩作为教学任务完成情况的唯一依据，因为影响学生成绩的因素很多，教师的教学能力只是其中的因素之一。此外，鉴于教师工作涉及培养人这一特殊性质，对于其师德要给予充分的关注，在绩效评估、考核中要占有相当重要的比例。在行为态度方面，如果是涉及人的个性性格，只要对教育教学工作没有大的妨碍，就不必多纠缠，关键是看其工作态度是否认真、负责。

（三）教师评价中应处理好的关系

1. 显性与隐形的关系

教师的工作大致可分为显性工作和隐性工作两大类。显性工作主要有教师的出勤、任课节数、所教班级的成绩、发表文章数量、参加进修情况等。隐性工作主要指对学生的日常品德教育、心灵陶冶；课堂教学中对学生思想的引导、品德的熏陶等。教师的显性工作容易记载，而教师的隐性工作却常常难以计量。实际上，就实现学校教育目标促使学生全面发展而言，显性工作和隐性工作处于同等重要的地位。而且，成功的教育教学工作往往都是教师的显性工作和隐性工作有机结合的结果。因此在教师评价实践中，既要关注教师的显性工作，也不能忽视教师的隐性工作。

2. 定量与定性的关系

从一定意义上说，教师的工作质量需要通过一定的工作的数量表现出来。这是因为一定的工作数量是工作质量的基础。从这一角度出发，教师评价的指标应当尽可能数量化。然而如前所述，教师在日常的教育教学过程中还有大量无法计量的隐性工作。更何况教师的根本工作是育人，育人的质量除部分可以量化（如学业成绩）以外，还有许多因素是难以量化的。因此，教师评价中除定量分析之外，还要坚持定性分析，并将两者很好地结合起来。

3. 结果与过程的关系

实际上，工作结果重要，工作过程（产生结果的原因）也很重要。虽然在通常情况下，教师的工作结果的优劣与其工作过程的好坏是一致的。但是在某些情况下，教师的工作结果并不是其工作过程的真实反映。例如，某教师任教的某班的成绩在年级中名列前茅。这一事实表明，某教师的工作结果是好的。但是其工作过程是不是好，还要经过仔细的分析才能下结论。如果这位教师是通过考前对学生进行大运动量的题海突击操练，甚至是通过考前的押宝猜题等取巧手段而获得良好的工作结果，这种工作结果也只能是一种虚假的结果。可见，教师评价中必须注意工作结果与工作过程同时并重，才能对教师的表现做出真正客观公正的评价。

（四）教师的激励

1. 教师激励方法

（1）荣辱激励

在师生中开展热爱学校的教育。树立校荣我荣、校辱我辱的荣辱观。让师生充分认识到学校是大家的学校，大家的学校要靠大家来办好，每一个人都和学校荣辱与共、休戚相关。有了这种认识，师生们就会做到工作、学习再累，不叫苦；困难再多，不埋怨；处处为校着想，事事为校分忧。

（2）精神激励

通过比、学、赶、帮活动，以促进一个集体形成一种不甘落后的精神面貌，一旦这种精神面貌成为一个集体的良好传统，将极大地有益于集体的建设和教学质量的提高。

（3）目标激励

目标实际上是一种诱因，人们的任何行动都是为了达到某种目标。学校如果没有一个共同的目标和有组织的统一行动，就必然会导致大量非组织目标乃至小团体目标的行为出现，使学校管理混乱。所以，在学校中，要制订出明确的目标，并使其层次分明，责任内容具体，使得师生前进有方向，努力有目标。因此，在全校能形成力往一处用、劲往一处使的良好局面。

（4）榜样激励

教职工是学生的榜样，而领导又是教职工的榜样。"榜样的力量是无穷的"，所以学校领导要十分注重自身的思想建设和作风建设，坚持深入教学第一线，坚持有权不谋私利，用权于公心。同时，在师生中还要注意从各个方面发挥榜样的激励作用。

（5）民主激励

尽管学校实行校长负责制，但不能我行我素，独断专行。而是干事多听群众意见，办事接受党组织监督。这样，群众就会对学校领导产生信任感，并产生主人翁的责任感。

（6）成就激励

成就能增强人们的信心，能鼓舞人们的斗志。了解学校在前进中的成就，会使师生觉得学校更加可爱，这会在他们心中激起一种自豪感，从而促进学校的工作。

（7）情感激励

情感会对人们的社会行为产生一定的影响。所以，应注意在美化校园环境、改善职工福利、解放思想情绪、关心群众生活、开展文体活动等方面做深入细致的工作，尽量给师生一种愉快感、满足感、赞赏感、幸福感，从而唤起师生对进一步搞好学校建设的责任感。

（8）物质激励

依据工作成绩和学习成绩施以一定的奖赏和鼓励，可以起到推进教学工作的作用，所以，在学校管理工作中，也应主张论功行赏，多劳多得，各尽所能，各得其所。制定相应的《岗位工作奖励办法》和各种质量成果奖励标准，并要有效地加以实施。

（9）信息激励

信息可以丰富人的知识，鼓舞人的斗志，并能依据信息的类型，采取适当的行动。在学校工作中，也应重视信息的作用，对于国家的、省市的以及学校的有关政策、法令等方面的信息，及时向教职工传递；对于来自学生、班级、职工的有关思想、学习、工作等方面的信息，也应及时搜集和妥善处理，以调整学校的教学工作。

（10）比较激励

有比较就有鉴别，正确比较工作中的不足，就可以激发行为，去求得工作之足。"足"又是相对"不足"而言，工作求足之后，就必须确定新的标准，找出新的不足，以螺旋式向前发展。在同等条件下，可以经常对班级与班级、学科与学科进行比较，在校内突出的就与外校比较，甚至与重点学校进行比较。在一定的客观条件下，一个人的工作成绩往往与分析能力和积极性成正比。在现代科学管理中，要想把学校办好，学校的管理者就必须掌握激励原理，根据不同的时期和不同的管理对象，采取各种不同的激励方法。只有这样，师生们的工作热情和学习热情才能永葆不衰。

2. 教师激励的基本原则

（1）针对性原则

针对性原则是要求在激励活动中，学校领导应根据不同的情况采取不同的方法，区别对待。激励理论告诉我们，人的需要是多种多样的，不同的人有不同的需要结构、不同的心理需要，不同的人有不同的个性特点，所以不能用一种方法、一个模式去调动人的积极性，而要灵活地采取不同的激励措施。贯彻针对性原则要注意以下两点：一是因时、因地、因人而异；二是对教师的需要应当分清轻重缓急，区别对待。对于教师的需要，首先要弄清楚是正当需要还是不正当的需要，对于不正当的需要，应在思想教育的基础上，采用批评、惩罚等负强化措施。对于正当需要应分清轻重缓急，有步骤、有计划地加以满足。

（2）注意职业特点原则

注意职业特点原则是指对教师激励的重点应放在引导、鼓励教师对教育事业做出成就上，通过激发与满足教师事业成就需要来调动教师的积极性。中国的知识分子有讲立功、立德、立言的好传统，桃李满天下为他们的最高荣誉、最大幸福。针对教师职业的这一特点，应做到：①采取措施，为教师在事业上做出成就提供条件，例如，安排教师的工作，要做到用其所长、避其所短；为教师业务进修和教育科研提供时间等。②利用各种形式充分肯定教师的成绩，使教师看到自身工作的价值，使教师的成就需要得到满足、发展。

（3）时效原则

激励要把握好时机，仓促行事或优柔寡断，都不可能把事情办好，甚至办糟。把握好时机就要做到适时。适时激励包括及时激励和延时激励。当教师产生合理的、健康的、现实条件能够满足或通过努力能够满足的需要时，学校领导应该抓住良机，及时地予以积极的激励。这是因为，"需要"与"激励"之间的时间间隔越短，其激励的效果越佳；时间间隔越长，其激励的效应越差，甚至会产生副作用。延时激励则相反，即在教师良好行为出现后，相隔一段时间再予以激励。但延时激励并非延长的时间越长越好，也有个适度的问题。另外，把握时机，还要注意创造一个良好的气氛，在融洽的气氛中激励的效果才会更佳。

第二节　学生管理

一、学生管理概述

（一）学生管理的含义

1. 学生管理是一项复杂的系统工程

学生管理系统是学校管理系统中一个重要的子系统，本身牵扯着学校工作的方方面面，包括学生的班级管理、课外活动管理及生活管理等。这些学生管理活动虽然复杂多样，但作为学生管理系统的一部分，有着整体性、层次性、目的性的共同特征。学生管理系统是由相关各部门、管理人员及学生组织起来的有机整体，在学生管理过程中，直接与间接地与学校管理系统中的其他部门和成员发生着联系。在学生管理系统中客观存在着高低层次，如：校、院、系、班等，按照不同的功能又可分为决策层、组织层、执行层等。同时，学生管理是按照教育行政部门的规定，依据学校教育和管理目标有目的、有计划进行的。

2. 学生管理的主体是学校，也是学生

学生管理中存在着主体和客体的区分。一般来说，学校是学生管理的主体，学生是学生管理的客体。教育行政部门通过制定法律、法规以及各种规章制度（如规定招生制度、制定学生守则等），对学生的学习和活动做出明确的规定，在宏观层面上对学生进行管理。教育行政部门是学生管理的重要主体，而学校负责行政部门各种规定的具体实施，负责对学生进行学习、活动等各方面的管理。但是，学生并不仅仅是作为被认识、被管理、被改造的客体进入学校管理系统，同时，学生也是学校管理活动的参与者，在参与管理的过程中，学生的主体性不断生成。同时，有研究者指出，学生也是管理活动结果的建构者，学生既要认识管理对象，又要认识自身，逐步形成科学的精神与态度，将自己建构成认识主体。因此学生是学校管理中不可忽略的主体之一。从这个意义上讲，在学校管理中要发挥学生自我管理的主体作用。

（二）学生管理的目的和意义

1. 学生管理的目的

学生管理的目的在于服务学生，目标是引导学生形成良好的学习习惯、行为习惯和生活习惯，培养学生自理、自强、独立的生活能力，使学生能够愉快地学习、健康地成长，在德、智、体、美、劳等方面得到全面和谐的发展。

长期以来，学生管理是以将学生管住为目的的。教育行政部门和学校通过制定学生管理的规章制度，强化和严格学生管理，以保证教育教学活动的顺利进行。学生管理工作的制度化、规范化是实现学生管理科学化的重要环节，也是教育教学质量的保证，学生管理需要一定的规范，但不能将管住学生作为目的，否则将不利于学生主体的积极建构。因为学生既是学生管理的客体，也是自我管理的主体，学生管理的目标关系到学生主体精神的发挥和创新精神的培养。

2. 学生管理的意义

学生管理的意义是多重的，从不同的角度来看，其意义也有不同的体现。

对学生来说，学生管理能够促使学生个体的健康成长，促进学生的全面发展。有效的学生管理为学生的成长提供健康适宜的外部环境。规章制度明确了学

生该做什么、不该做什么，学生从中可以学到做人的道理，养成良好的行为规范，形成良好的个性品格。同时，学生管理有助于发展学生的自我管理能力，科学的学生管理积极引导和支持学生自己教育自己、自己管理自己，实现学生自律、自治、自立、自强。

对教学来说，学生管理的各项活动都是为教育教学服务的。科学有效的学生管理有利于维护正常的学校教育教学秩序和学生生活秩序，保证教育教学的有序进行。同时，学生管理能够引导学生形成良好的学习习惯、生活习惯和行为习惯，从而提高教育教学的效果和效率。从一定意义上说，科学有效的学生管理是教育教学活动正常进行的支撑，是实现教育目标的基石、

对社会来说，学校是一个社会组织体系，学校和社会从来都是紧密联系在一起的。学生管理同样对社会具有影响作用，它是学生个体社会化的重要途径。学生管理的各种规章制度、行为规范都是符合社会要求的，管理者通过各种活动向学生传达为社会所允许和接受的知识、价值和行为规范，消除学生中间存在的错误观念和行为，以保证学生个体的健康成长，对社会的安定和发展也具有重要意义。

（三）学生管理的基本原则

1. 了解和尊重学生是前提

（1）关注学生的生活经验

学生不是一张白纸，学生是现实的人，有其特定的生活世界，在现实的生活中他们有着自己生活的方式、喜好的活动和复杂的人际交往，这些都给予学生丰富的生活经验，不断塑造着学生的价值观和行动准则。所以说，学生的语言和行为受到他们自己的生活世界极大的影响，教育者和管理者必须介入学生的生活世界，感知他们的所思所想，并且能够利用学生已有经验促进学生自身的发展。

管理学生还要了解学生的需要。学生作为独立的个体，在学习生活、生理心理、情绪情感各方面都会有需求，对于学生合理的需求，管理者应该及时发现并满足其需要。然而，在现实中，教师往往习惯用成人世界的眼光来看待学生，用成人化的标准来要求学生，不了解学生真正需要什么，致使学生管理难以奏效。

（2）了解学生与尊重、信任学生相结合

学生作为一个独立的个体，他们不仅是管理的对象，更是管理的主体，是有

思想有感情的、活生生的个体。因此在学生管理中应强调将规范管理与自我管理相结合，将严格要求与尊重、信任相结合，给学生更多的自主和自由的空间，促进学生全面健康的发展。

2. 科学的学生观是学生管理的核心

所谓学生观，就是学生管理者对学生的基本看法，它决定着管理者进行学生管理和教育的行为，决定着管理者与学生交往中的工作态度和工作方式。不同的学生观导致不同的管理方式，产生不同的教育管理结果。在学生管理的全部工作中，都贯穿着一个如何正确对待学生的问题。

从历史考察和现实对比来看，学生管理者的学生观大致可分为三种类型。

第一种学生观认为学生是被动的客体。这种观念将学生作为管辖的对象，往往无视学生的兴趣、情感和需要，管理者站到学生的对面成为权威，可以任意对学生发号施令，通过各种严格的规章制度和规范约束学生，要求学生必须遵守，而不太尊重学生的个体经验和权利，是一种单向的服从命令式的管理方式。这种学生观下的学生管理有利于形成良好的学生纪律，培养学生的集体主义精神，却也同样压抑学生的个体意识、自主意识和平等意识，不利于学生个性的养成。

第二种学生观强调学生是独立的个体和平等的公民，是学生管理的主体。这种观念强调学生的兴趣、情感和需要，主张学校的管理工作要围绕学生展开，一切以适应学生、发展学生个性为中心，提倡学生自我管理。

第三种学生观集中前两种观念的长处，是一种科学的学生观。它认为学生既是客体也是主体，这种观念强调作为学生管理和教育的对象，学生的客体身份和地位不可能抹去，但是学生这种客体不是物化的客体，而是有着生命性、自主性和选择性的独立个体。学生管理者既要通过制度、规定来规范学生的活动，以帮助学生形成良好的学习、生活和行为习惯，也应通过设计和提供各种适宜的教育环境，激发学生主动参与教育管理过程，形成学生自我教育和自我管理的有效机制，促进管理者和学生在管理活动中的良性互动。

3. 合理的组织机构和完善的规章制度是保证

要使学生管理科学化，合理的组织机构和完善的规章制度是保证。构建学生的管理组织机构，要从纵向和横向两方面来考虑。在纵向组织的设置上，应设立从中央到地方以及学校的学生管理的垂直管理系统，形成通畅的自上而下的决策指挥系统和自下而上的信息反馈系统。在横向设置上，需要建立教育系统与家庭及社会各界横向联系的组织机构，以强化教育行政部门、学校与家庭、社会的联络，吸纳社会各界共同参与学生管理，这样就能形成层次清晰、组织明确的管理网络。

此外，在学生管理机构建立后，还要制定规章制度，明确各机构的职责、权限和工作形式等，使这些机构能够有效运行。另外，还必须规定学生学习、生活和活动等方面的规章制度，

包括课堂常规、宿舍常规、阅览室守则、实验操作规则等，对学生的日常行为做出必要的规定，使学生的行为标准有据可依。总之，完善学生管理机构和制度建设是学生管理工作顺利进行的保证。

二、学生管理的内容

（一）学习管理

1. 招生与学籍管理

伴随着各级各类教育事业的迅猛发展，学校对生源的竞争日益激烈，招生工作人员从检查记录学生的入学条件、对学生的档案进行管理和注册登记转变为必须走出去积极地争取生源，扮演"推销员"的角色。

学校学籍的取得是学生跨入学校的一个门槛。学校学生管理对学生学籍取得的把握和控制力度的大小，直接影响着学校学生的整体素质，对学校的未来发展潜力也起着举足轻重的作用。一般来讲，学生学籍管理主要涉及对取得学籍资格的学生进行学籍的登记、建档和异动管理，包括学生入学注册、学生基础信息登记、学习纪律与考勤记载、学业信息记载（成绩、课外活动、奖励与处分）、学籍变更审核与登记、颁发毕业证书、学生信息归档、毕业文凭的电子注册与补办等方面。

2. 学生入学辅导

学生入学辅导是指借助不断推出的服务和帮助，使学生完成向校园生活的过

渡，为学生揭示学校广阔的受教育机会，促使学生和学校融为一体，从而为他们在以后的学习中取得成功奠定基础。一般都利用团体项目和活动、个人咨询、定向课程等手段来向学生介绍如何利用图书馆、如何学习、如何参与校园活动等。有的学校还通过组建班集体、实施军训等工作来完成这一任务。

3. 学习指导

目前各级各类学校学生的学习方式都不同程度地存在缺乏自主性、合作性的特征，有些学校甚至还有相当数量的学习困难的学生。因此，对学生的学习习惯的养成、学习方法的指导、学习课程的选定、课外实践活动的指导与管理日益成为各级各类学校学生管理的主要内容。

4. 就业指导与管理

为了帮助学生获得满意的工作机会和提高学生的职业规划能力，目前许多学校都设立就业指导中心或其他相应的机构负责学生的职业生涯规划和就业管理工作，其任务是指导学生进行自我评价和职业定向、提供就业信息、开设就业指导课、传授求职择业技巧、推荐介绍毕业生参加就业与职业交流洽谈会、组织校园招聘与面试活动等。

（二）生活管理

1. 宿舍管理

学生宿舍管理和住宿生活是学生管理中最主要的工作，基础教育阶段除了少数学校没有实行寄宿制管理以外，大多数学校都会涉及学生宿舍管理问题。因此，学生宿舍对于学生教育的影响相当大。长期以来，我国的学生宿舍功能仅限于提供学生住宿，学生宿舍的管理主要是提供房间、家具、水电供给，即侧重对物的保障，管理工作主要由后勤部门负责。20世纪80年代以后，部分学校设立专门的机构开始参与学生宿舍管理，管理的内容也由物扩大到人。学生宿舍管理部门的主要任务是保持学生宿舍的文明整洁和维持一定的生活秩序。进入90年代，随着学校对学生教育管理力度的加强和整顿校园秩序创建良好校风的需要，学生宿舍的育人功能得到重视，学生宿舍的"管理育人"和"服务育人"的功能能受到进一步重视。

2. 日常行为规范和奖惩管理

在世界上任何一个国家，各级各类学校对学生行为规范和纪律管理由来已久，各级各类学校都无一例外地将学生日常规范和奖惩管理作为学生生活管理的一项重要内容。一般认为，制订和执行校园行为规范的目的在于引导、约束和修正学生的行为。对表现突出的学生和集体，实行物质奖励和精神奖励相结合的原则；对违规的学生的处罚一般有警告、记过、留校察看、退学和开除学籍等。对违规学生做出处罚应具有严格的程序，一般流程为：原告申诉和举报、学生管理部门调查、专门（申诉）委员会听证并做出处罚决定、被告申诉、校务会决定、实施处罚。在具体实践中，各级各类学校还应结合不同学生群体的特征，制订相应的学生日常行为规范和奖惩管理制度。

3. 学生资助管理

经济资助作为学生生活管理的一项重要内容，主要有：奖学金、助学金、贷款和勤工助学等。

为切实解决家庭经济困难学生的就学问题，党中央、国务院高度重视家庭经济困难学生的入学问题。

4. 学生组织的指导与管理

学生组织是主要由学生自我管理的组织，如学生会、班委会和各种社团组织等。各种学生组织和活动对于丰富校园生活、培养学生的兴趣爱好、培养学生良好的公民素养、提高学生的人际交往能力等有着重要的作用。一般来讲，对于学生组织的指导与管理主要体现在为其干部提供培训、提供场地及安全保障及经费、指导其开展课外活动等。

5. 心理咨询

20 世纪 80 年代以后，心理咨询开始在各级各类学校中扮演着日益重要的角色，因为人们坚信，咨询是有效地为学生服务的关键所在。目前许多学校都设有学生心理咨询中心或心理咨询室，并配有专业的心理咨询教师，为学生提供诸如提高学生的社交技能、感情支持、危机干预及人际关系的理解技能等方面的服务。

（三）安全管理

1. 构建学校安全工作保障体系

许多学校成立以校长、书记、教导主任或骨干教师等组成的领导小组，贯彻、监督、实施安全管理的各项制度与措施，具体负责突发事件发生时、发生后的紧急救援工作。除此，还建立紧急救援小组、医疗救援小组、后勤保障组等，如治安、消防安全管理办公室应设在保卫处，设施安全管理办公室应设在后勤处，活动安全管理办公室应设在学生处。

针对学生安全管理工作的长期性特点，学校在配备组织机构过程中，在各部门的职责中加入安全管理责任内容，明确专门人员负责。按照"谁主管、谁负责"的原则，签订学生安全管理责任书，以使学生安全管理工作时时有人管、处处有人抓。

在落实责任过程中，不仅明确安全管理的主要责任部门和责任人，同时还明确规定协管部门与协管责任人，建立重大事故和安全隐患报告制度，使各单位间形成健全的信息网络体系，及时排查和发现安全稳定方面存在的问题，对于能够解决的问题采取措施及时解决，不能解决的问题及时向学校或上级部门报告，以免贻误处理时机。

2. 建立健全安全预警机制

安全第一，预防为主，这是我国安全工作的指导方针，建立全面细致和切实有效的预防措施是防止安全事故的根本。实践证明，有些校园危机不仅是可以预测的，而且可以在潜伏状态下就完全消除掉。安全预防是学生安全工作的重点，是主动、积极地预防事故或者灾难发生的有效对策。

预防是解决危机的最好方法，建立了有效的危机预防机制，就标志着学校危机管理工作有了一个良好的开端。首先，学校在对校内外环境分析基础上，研究潜在的危机诱发因素，及时捕捉危机爆发前的各种预警信号，加以分析处理，将所有可能的突发危机事件列举出来，并逐一分析其发生的概率，研究其发生机理，预测可能的后果。特别是针对校园安全的薄弱环节和事故易发部位，认真组织相关专家进行论证、评估。在辨别校园公共安全危害因素的基础上，学校对可能发生的危机事件要尽快制订相应的危机预案，进行危机管理的模拟训练，并从经费、人力、物力上做好预算安排。学校预案不是简单的一个文本，至少要包括综合预案、专项预案和现场预案等几类。

综合预案，从总体上阐述学校的应急方针、政策、应急组织结构及相应的职责，应急行动的总体思路等，可以清晰地了解学校的应急体系及预案的文件体系，更重要的是可以作为学校应急处置工作的基础和"底线"，即使对那些没有预料到的紧急情况也能起到一般的应急指导作用。

专项预案，是针对某种具体的、特定类型的紧急情况，例如，火灾、群体性不明原因疾病、重大食物中毒等而制订的。在综合预案的基础上应充分考虑某特定危险的特点，对应急的形势、组织机构、应急活动等进行更具体的阐述，以使预案更富有针对性。

现场预案，针对特定的具体场所，通常是对该类型事故风险较大的场所或重要防护区域所制订的预案。针对某一具体现场的特殊危险及其周边环境情况，在详细分析的基础上，对应急处置中的各个方面做出具体、周密、细致的安排，因而现场预案具有更强的针对性和对现场具体处置活动的指导性。

学校不仅要建立安全预案，还要加强预案演练。通过演练增强组织指挥人员与安全管理人员对预案的启动、运作流程的感性认识，遇到紧急情况，能做到不慌不乱，从容应对，冷静处理，果断处置。通过演练力争使全体师生都接受过主要的安全预案演练训练，掌握必要的逃生和自救技能。

一般来讲，常见的预案演练主要包括：火灾事故的处置和逃生演练、集体活动与大型活动安全防范演练、学生集中上下楼梯演练特别是停电情况下的演练、应对传染病和食物中毒演练、学生意外伤害处置演练、学生走失处置演练、防校园暴力恐怖事件演练、后勤故障演练、重要情况报警、120求救、信息上报演练等。

3. 建立校园周边环境整治与信息多向沟通机制

校园周边环境的管理，并不是学校一家的事情，涉及公安、文化、工商、税务、城管等许多政府的职能部门。因此，学校应积极配合城管、公安部门依法清理整顿校园周围的非法网吧、书摊、歌舞厅、饮食摊点等，严厉打击扰乱正常教学秩序和危害师生安全的流氓团伙和黑恶势力，对校园周边的道路安全设施和交通秩序进行综合整治，为学校安全创造良好的外部环境。

同时，在学校、家庭、社会和政府间建立一种信息传输和反馈机制，使学校、社会和家庭形成合力，齐抓共管，严厉打击危害学校及学生安全的不法行为，切实改善校园周边环境，营造一个安全文明的校园环境。对于政府方面，一旦有危机事件发生，学校要全面如实地向上级政府主管部门报告并保持紧密联系，使之随时掌握危机事件的发展，以取得支持、指导。对于基础教育阶段，通过印发《告家长书》、家访、电访、召开家长会等形式，及时向家长通报学生在校表现以及学校对学生在安全规章制度方面的要求，积极争取家长的支持与配合；同时要告知家长应当将孩子在家庭和社会交往情况及时与学校沟通联系，一旦发生不良倾向，应及时报告学校，共同研究教育方案，预防严重事件的发生。

4. 加强安全教育

安全教育是指通过形式多样、切实有效的方式，向全校师生传输安全知识，教授安全技能，强化安全意识，提高自我防范能力，调动大家重视安全的积极性，把"安全放在第一位"的观念变成每一个人的自觉行动。对师生进行安全教育的主要内容一般包括：宣传贯彻有关安全的法律法规和规章制度，对安全事故案例的警示教育；对重大危险部位的提醒标识，对危险操作规程的专业培训以及安全科学理论的掌握了解等。

学校根据环境、季节及有关规律进行防火、防盗、防破坏、防治安灾害事故等"四防"教育，并使之经常化、制度化。同时，学校对学生进行安全教育必须注重心理疏导，加强思想政治工作，教育学生注意保持健康的心理状态，帮助学生克服各种原因造成的心理障碍，把事故、案件消灭在萌芽状态，不断提高师生员工的安全价值观，形成有利于安全的思维模式、精神风貌、职业行为规范、安全舆论和习惯，进而形成稳定持久的校园安全文化。

三、学生管理的方法

（一）学生个体管理和群体管理相结合

1. 学生个体的管理

（1）学生的需要与学生管理

需要是有机体对客观条件的要求，每个人都有自己的需要。需要是行为的原动力，研究学生的需要对于学生个体的管理工作有十分重要的意义。学生的需要从其内容来看，多与学习相联系，如：希望得到教师的表扬，希望得到好成绩等；从其满足的方式来看，多是由外部的刺激而获得间接或外部满足，如：家长、教师、同学、亲友对学生的评价。从其水平来看，水平较低，多以现实性需要和情境性需要为主，且较易从外部行为表现中观察到。

对学生个体的管理要了解学生个体的不同需要；针对不同需要采取不同的处理方式，尽量满足其合理需要，转变其不合理需要；引导学生发展较高水平的社会性需要；在不同的发展阶段，树立不同的合理的主导性需要，引导学生不断地健康成长。

（2）学习动机与学生管理

动机是激发和维持个体进行活动，并使该活动朝向某一目标的心理倾向。培养和激发学生的学习动机是学生管理工作的一项重要任务。

培养学生的学习动机要引导学生形成合理的动机结构。学生的学习动机十分复杂，同一个学生个体从事学习活动，可能有对其内容直接感兴趣的原因，也可能是为了将来有用的动机，还可能是为了其他动机。学生管理工作要引导学生以正确的动机从事学习活动，要以为现代化建设服务的动机为主导动机，形成合理的动机系统。

培养学生的学习动机还要创造各种条件，增强学生的学习需要和兴趣。例如：可以通过摆事实，讲道理，使学生认识学习的目的、任务、意义来提高兴趣，引起需要；或通过榜样人物的思想行为和卓越成就引起学生的学习需要，激发学生的学习兴趣。

要注意合理利用学习结果的反馈效应，激发和培养学生的学习动机。让学生及时了解学习的结果，看到自己所学知识在实际运用中的成效，解答问题时的答案正误以及学习成绩的优劣，都可以激发学生进一步学习的动机。

开展适当的竞赛活动，合理利用奖惩手段，也可以有效地激发学生的学习动机。在竞赛过程中，学生的成绩动机或获得自尊与成就的需要较为强烈，学习兴趣和克服困难的毅力就大大增强，学习效果会有很大提高。若对比赛结果给予恰当的强化，则效果会更明显。

（3）学生的感情与学生管理

感情是情绪、情感的总称。感情对人的行为，有促进或阻碍作用。引导学生积极感情的产生如爱国主义情感、正义感、集体主义情感等，将有助于学生树立正确的学习目的，自觉地刻苦学习。积极的感情还会加速对与决策有关的材料的加工，促进思维的流畅性，简化决策过程的复杂性；同时在积极的感情下，人倾向于用肯定的眼光看事物，作判断，做出积极的反应，因此，学生管理工作要培养和保持学生积极的感情。学生管理者也应对学生满腔热情，以积极的感情培养学生，管理学生。

（4）学生的态度与学生管理

态度是个体对事物所持的肯定或否定的情感反应。学生对学校工作如果持积极的态度，就会做出积极反应，反之，就会做出消极反应。学生管理工作要通过创设一定的活动情境、对话情境、规范情境等，引起学生对人生、对社会、对学校的积极的态度。

2. 学生群体的管理

（1）正确对待不同类型的非正式群体

非正式群体可以分为：积极型、中间型、消极型和破坏型。

积极型的非正式群体，对学校正式群体、组织的发展有促进作用。对于积极型非正式群体应加以保护和利用，对其核心人物可以适当授权，不仅让他组织他的团体开展一些有意义的公开活动，还可以让他成为班委会或学校正式组织的成员。

中间型非正式群体是与组织若即若离，其活动与班集体或学校组织目标，有时一致，有时不一致，一般既没有什么积极作用，也没有什么消极作用。对中间型的非正式群体要采用教育和引导的方法。

消极型非正式群体属于偏离学校组织或班集体的非正式学生群体，其活动与校组织、班集体的目标不一致，对班集体、校组织会产生消极影响，但行为后果较轻，虽有违纪，但无违法。对消极型非正式群体，则应采取改造的办法。主要是从改造他们的思想、认识入手，加强思想教育来改造他们的行为。

破坏型非正式群体属于反学校组织或班集体的非正式学生群体，其活动后果较严重，不仅违纪，而且具有违法性质，如学生盗窃团伙、流氓团伙等。对于破坏型的非正式群体，重在预防，要注意防止消极型非正式群体向破坏型非正式群体转化。对破坏型非正式群体成员，学校仍然要以教育为主，特别是对情节较轻，出于好奇受人引诱而做了错事的学生成员，不应推给公安机关了事，要力争通过学校教育使其向好的方面转变。

（2）加强正式学生群体的建设

搞好学生正式群体的建设，不仅可以有效地实现组织目标，还可以对非正式群体起到有效的控制作用。例如：通过建立多种类型、多层次的学生正式群体，可以尽量满足绝大部分学生的需要，控制非正式群体的组成，通过内容丰富多彩、形式灵活多样的正式群体的活动，可以把学生的注意力和兴趣吸引到正式群体身上，削弱学生组建非正式群体的兴趣。尽管如此，学生管理工作还是应当允许非正式群体的存在，并认识到它们的存在，不仅允许它们在正式群体外存在，还可允许它们在正式群体内存在。只要这些非正式群体对正式群体无害，就不要排斥它，解散它，事实上是不可能禁绝非正式群体存在的。允许无害的非正式群体的存在，与正式群体建设并不矛盾，因为这样可以给学生更多的自由，更多的自我满足的机会，学生对正式群体会产生更强烈的归属感，而不会把过多的精力花在非正式群体上。

（二）学生的自我管理和参与管理

1. 培养学生主体意识和参与管理能力

（1）主体与客体的概念

"主体"这一概念最初出现于哲学范畴内。到 20 世纪 80 年代初，"主体"思想渗透到教育科学领域，但是对这一概念的界定或描述仍然模糊不清，要么机械地划分：教育主体就是教师，教育客体是学生；要么认为教师是教育主体，学生也是教育主体，出现"双主体"论。

其实，主体、客体是两个关系范畴，两者相互依存、互相规定，没有主体就没有客体，没有客体也就没有主体，有主体一定有客体，有客体一定有主体，指出教师为主体，学生就必为客体。而且，教师与学生也是相互规定、相互联系的关系范畴；如果指学生为主体，那么教师就成为客体；如果教师、学生都为主体，那么教育活动的客体是什么？是教育内容、物质吗？所以，必须明确学校教育活动必然以教师为主体，学生为客体，这是一方面。另一方面，辩证唯物主义告诉我们，矛盾的对立统一的两个方面，相互规定、相互依存、相互对立，一定条件下又相互转换，所以，教师为主体与学生为客体的关系，在一定条件下也可以发生转变。

(2) 对学校工作中主体和客体关系的分析

学校工作包括教学和管理工作，教学又包括教师的教与学生的学。从教学过程看，一个阶段是教师传授教育内容，学生接受新知识。这一过程中教师是作为主体存在，作用于学生，学生作为客体存在，接受教师的主动影响。另一个阶段是，学生把教师传授的新知识，同化到自己原有的知识结构中去的过程。这一过程中虽然有教师的导向、催化作用，但不起决定性作用。这一过程主要还是学生自主、自觉地实现知识内化、构建新知识体系的过程。此时，学生是主体，客体是教师所授的知识，教师只是条件。还有一个阶段就是学生完全独立地自学的过程，学生在自己的兴趣、好奇心的推动下，激发出强烈的求知欲，在没有教师的直接作用下，自主、自觉地学习科学文化知识，这一个过程完全是学生的主体能动活动。学生是学习的主体，科学文化知识是客体。

从师生关系来看，首先，在教育内容的传递上，教师与学生的关系是教与被教的关系。教师是教育者，学生是受教育者；教育者是教育实践活动的主体，他把受教育者作为对象，以其自身的活动来引导、促进受教育者的身心发展和变化，他把教育措施作为手段，用它把自己的活动传导到受教育者身上，使受教育者发生合乎自己意图的变化。受教育者是教育实践活动的对象，处于客体的地位，接受教育者对自身的影响，按照教育者指明的方向，积极地转化教育影响，朝着健康、明确的方向发展。从这一角度看，可以明确地指出教师是教育主体、学生是教育客体。但是，这一关系仍然不能机械地、僵化地看待。现在有的学生知道的东西比老师还多，教师有时也要从学生那里学到新的知识，这一状态下教师就成了教育客体，对教师产生影响作用的学生就是教育主体。其次，在德育过程中，师生之间联系的过程，是相互促进相互影响，使双方道德都不断完善的过程。在这一个过程中，教师以自身的言传身教影响学生道德形成，发展学生良好的道德认知、道德情感、道德意志和道德行为，此时教师是主体的存在，学生是客体存在。然而，有时学生的某一道德行为会引起教师内心极大的震动，从而使教师转变那些不好的认知和观念，使自身道德结构更加完善，这样，学生就成了主体，而教师则成了客体。最后，在人格上，师生是一种平等的关系。教师与学生都是一定社会中的独立个体，都是公民的一分子，处于政治上平等的地位，没有尊卑之分。如果是教师的主动行为对学生的人格产生影响，教师是主体，学生是客体；如果是学生的自主行为对教师发生作用，学生就是主体，教师就是客体。

从学校的管理工作分析，学校的管理关系中有校长——教职员工，校长——学生，教职员工——学生，学生干部——学生四种关系。第一种情况不涉及学生，此处不予分析。第二种情况稳定性相对较大，也不做详细论述。第三种情况从传统的静态的观念看，学生是被管理者，教师是管理者，这是绝对的。但是如果换一个角度看，现代学校管理要求实行民主管理、参与管理，我们通常称"学生是学校的主人"，那么学生也必然应该参与学校管理，参与学校有关事宜的决策，即学生的意见、建议在学校管理的决策过程中必须予以考虑。一旦学生的思想在学校的决议中得到体现，就会对教师产生影响，这样学生就在一定意义上成了管理的主体，教职工就成了客体。第四种情况是学生干部—学生，这是学生自己管理自己的情况，学生既是主体也是客体。因为主体既可以用于学生个体，也可以用于学生群体，学生干部（或代表）体现的是学生群体的意志，是学生对自己的管理，是一种自我管理。所以此刻的学生既是管理的主体，也是管理的客体。

通过以上的主体和客体的关系的分析，我们可以把发展学生的主体意识描述为：使学生意识到，从某种意义上讲，学生在学校教育、管理活动中是处于主体地位的，是活动的主体。同时，特别是从学校管理角度的分析中可以看到，发展学生的主体意识与学生参与管理、发展学生参与管理的能力密切相关，只有让学生参与管理，自己管理自己，学生才能在一定程度上处于管理的主体地位。意识是对客观事物的反映，只有学生处于主体的地位，才有可能形成学生的主体意识。而要让学生参与管理，必须提高学生的参与管理的能力；能力是顺利完成某项任务是必须具备的心理特征的总和，即只有具备了相应的能力，才能成功地完成某项任务，只有拥有了参与管理的能力，才能成功地参与管理。简言之，要发展学生的主体意识，必须让学生自我管理、参与管理，培养学生自我管理和参与管理的能力。

2. 培养学生自我管理和参与管理能力的途径

（1）创设良好的环境

现代科学证明，环境因素对人的能力形成的作用不可低估。环境可以分为物质环境和文化环境。此外，所谓创设良好的环境，指的是创设良好的校园文化环境，特指要在学校内部建立良好的民主管理制度，营造学生自我管理和参与管理的氛围。

学生是学校的主人，应该对学校的发展负有一定的责任，但是学生往往没有意识到这一点，没有一种主人翁意识，对学校的事务漠不关心，更别谈参与管理。这种情况来源于学校领导和教职工对学生认识的偏差。他们认为学生年龄小、知识少、能力差，对学校工作不可能了解，学生在学校里只是来学习的，是处于被管的地位的，学生没有自我管理、参与管理的能力。一方面学生没有对学校负责的精神，另一方面校方没有民主管理的意识，这样就不可能形成学生参与学校管理的文化环境，学生的自我管理能力和参与管理能力就不可能得到发展。这就需要在学校内部开展民主意识的双向教育，既要对学生进行主人翁意识和责任感的教育，又要使学校领导和教职工懂得：学生是学校的主人，有必要也有能力自我管理和参与管理；懂得学生是具有主体性的社会个性，而且在现今这个信息社会，学生通过各种媒体所接收到的信息，所掌握的知识，比有些教师还要多；学生有权利，也有义务进行自我管理和参与管理，校方要保证学生的这种权利得到行使，义务得到实现。学校管理者与教师的观念是第一位的影响因素，如果不允许或不创造条件，学生有再强烈的参与意识都是难以实现的。

（2）积极引导学生参与学校管理实践活动

人的能力是在实践活动中形成和发展起来的。离开了实践活动，人的能力就难以形成和发展。我国古代思想家王充早就提出过"施用累能"的观点，即能力是在使用中积累的。大量的事实资料也证明，音乐能力只有在音乐的实践活动中才能形成和发展，科研能力也只有在科研的实践活动中才能形成和发展。当然，学生的自我管理和参与管理能力也只有通过学校管理的实践活动才能形成和发展。

在创设良好的学校管理文化环境后，就要通过各种形式，有意识地引导学生进行参与管理活动和自我管理活动。例如，通过设立由教师、学生家长、社区名流、学生代表等组成的校务委员会，对学校的重大问题的决策进行咨询和商议；通过实行校务公开，引导学生充分运用自己的权利，如发言权、监督权等，对学校事务的管理献计献策，监督帮助形成校长的决策意见以及各项规章制度和计划；让学生自己建立各种班、组、队、会、团的组织，产生各级各类学生干部，建立自己的各项规章制度，开展各种各样的自我管理活动，培养和发展学生参与管理、自我管理的能力。

（3）培养学生优良的个性品质

在实践活动中，优良的个性品质对能力的形成和发展具有重要的意义。学生参与管理和自我管理的动机会影响参与管理和自我管理的能力的发展。动机强，学生就会在实践中自觉积累管理经验和知识，从而不断提高自身的管理能力；动机弱，参与管理的意识和行为淡漠，就不会在管理实践活动中主动地积累经验和知识，更谈不上发展能力了。

管理活动中，学生谦虚好学的态度，有利于管理能力的发展。活动中有不理解之处或难以决策的地方，谦虚好学的学生乐于请教学校领导、教师或其他有经验的同学，无形中就增长了自身的经验和知识，发展了自己的能力。相反，骄傲的学生就会认为自己这也知道，那也明白，遇到难以解决的问题也不请教，不咨询，知识、经验得不到增加，能力当然上不去。

坚强的毅力有助于能力的增长。在管理实践活动中，总会遇到一定的困难，没有克服困难的毅力，就无法完成活动任务，更谈不上能力的增长。即使是管理能力较差的学生，只要有毅力，百折不挠，勇于克服困难，其能力最终是会得到发展和提高的。当然，发展学生自我管理和参与管理能力不能只限于以上几条途径，但是以上三条途径是学校培养自我管理和参与管理能力所应该予以足够重视的。

（三）常规管理和异常管理相结合

1. 学生的常规管理

所谓学生的常规管理，是指有一定规章制度可依的、经常性的学生管理活动，也称为静态管理。对学生的常规管理包括学校招生工作的管理和学生入学后的管理。

学生入学后的管理主要有三个方面的工作：学籍管理、生活管理和社团管理。学生的学籍管理包括编班、考勤（检查、登记、统计学生的出勤、迟到、早退、缺课、旷课等情况，办理请假事宜）、考核（规定考核办法、组织考核活动、记载和分析考核结果）、拟定和执行奖惩制度、核定学生升学情况等。学生生活常规管理包括食堂常规管理、宿舍常规管理、集会常规管理等。

常规管理以规章制度为依据，但不能死抠规章制度。实际的管理活动中，常规起导向作用和一般的限定作用，具体情况，还要具体分析、具体解决。常规也不是一成不变的，要根据学校的发展及时做出调整，以适应学校的新情况、新问题。

2. 学生的异常管理

所谓学生的异常管理，是对学校内所发生的，与学生有关联的偶发、突发事件的管理。这种管理没有现成的规章制度可依，需要管理者对可能的事故有所了解，有所准备，面对事变沉着冷静，发挥主观能动性予以积极的解决，校内的异常现象、事件一般有以下几种。

（1）师生冲突

师生冲突是指师生之间的行为的对立或对抗。根据不同的表现形式归纳为三种情况。①教师和学生在课堂里的正面冲突，表现为学生和教师发生面对面的对抗行为或暴力行为。②教师和学生在课堂以外的冲突。这种冲突一般并不表现为师生双方的正面冲突，而是表现为学生借助其他手段对教师进行报复，它往往是师生课堂冲突的引申和发展。③教师和学生家长的冲突。这种冲突常常是由教师对学生的违纪行为的不当处理所引起的。

师生冲突产生的原因是多种多样的，或者因为学生上课没有守纪律、故意挑衅，引起冲突；或者因为教师与学生的价值观对立，对事物的评价标准不一致，引起冲突；或者归因于教师素质、能力不高，对学生的违纪行为处理过火，引起学生及其家长的不平和反感，引起冲突，等等。

对于师生冲突的管理，重在防患于未然，而关键还是在于教师这一级。因为，教师在冲突中往往起着主动的、决定性的作用，即使是学生的故意挑衅，也可能是因为教师的某些言行令其不满所致。这就要求教师在处理有关师生冲突的问题时注意做到：尊重学生的人格，树立师生平等的意识；树立教育法制观念，知法守法，依法治教；树立成才必先成人的思想，防止因要求学生成才之心太迫切，而导致粗暴的简单的行为产生；要掌握有关的教育学、心理学的理论知识，不断提高自身的教学能力、教育技巧，形成高超的教育艺术和教育机智。

（2）学生人身伤亡事故

学生人身伤亡事故有两种情况，一种是由于纯客观的条件造成的，没有教育者主观意志和行为发生直接或间接影响的学生人身伤亡事故。另一种是由于学校教育者不当的言行的直接或间接影响，造成的学生人身伤亡事故。

第七章　学校公共关系管理

第一节　学校公共关系管理的内涵

一、学校公共关系应明确的问题

学校公共关系管理应该明确以下几个问题。

第一，公共关系是学校的一种主动行为。对学校来说，只有主动地、有计划地与自身的公众开展沟通活动，公共关系才能有效地展开，才能说学校有公共关系行为。学校与公众的公共关系不是无缘无故自然建立的，而是学校因内在需要而发出的一种主动行为。

第二，学校公共关系的对象是目标公众——这里指学校内部公众和外部公众。对学校来说，开展公共关系活动时，必然有一个主要目标和重点，针对的对象只能是目标公众，而不可能是任何公众，只有针对特定目标公众，学校的公共关系才具有有效性。

第三，公共关系的传播是双向交流。学校开展公共关系活动时，从本质上来说是传播活动，表面上看，这是一种单向的信息传输活动，实际上，这一传播活动要进行和维持下去，必须依赖于公众的反馈，因而，具有效率的公共关系活动一定是组织与公众平等的双向交流活动，双向交流是公共关系活动的基本手段。

第四，公共关系的目标是营造社会环境。对于学校来说，在其周围存在着不同的组织或群体，它们与社会构成一个相互依存的社会状态，学校要想生存，必须要与这些社会组织或群体处理好关系，并获得它们的支持。可见，学校公共关系的目标是营造学校生存与发展的良性环境。这是学校开展公共关系活动的内在动力。

第五，公共关系是学校的战略管理。学校运用公共关系手段来营造其生存和发展环境，使公共关系担当起了影响学校未来发展的战略性使命，公共关系的成功会极大地帮助学校快速发展，而公共关系的失败，则可能导致学校陷入难以自拔的困境。因此，在现代社会当中，学校要密切关注自身公共关系状态，积极进行有效、合理的公共关系管理，从战略的高度重视公共关系活动的开展，为学校的生存和发展创造广阔的空间。

（一）学校公共关系管理基础

作为一种职业和策略，学校公共关系管理是非常独特的，它是一种受到观念驱动的职业和工作。公共关系操作运行的背后有着强大的理论基础和复杂的理论依据。学校公共关系管理是以多学科作为理论背景的。

1. 公共关系管理学科基础

学校公共关系管理是以多学科作为背景的。作为一门交叉学科，公共关系本体学科涉及管理学、传播学、社会学、政治学、经济学、心理学、哲学等诸多学科，与营销活动、选举活动、宣传活动、广告活动、策划活动等存在诸多的交叉。在诸多学科中，公共关系管理主要是管理学和传播学交叉形成的边缘学科。

2. 公共关系调查研究

任何类型的公共关系管理无外乎三个主要职能：传播、协调和形象管理。任何一项职能的落实都需要三个方面的技术和技巧支持：调查方法和技术、传媒技术、交往技巧和礼仪规范。交往和礼仪主要服务于高质量的人际经营，调查方法和技术服务于专项公共关系和综合公共关系的调查工作，传媒技术主要服务于项目公共关系经营与管理，贯穿于整学校形象建设和学校发展过程。

调查研究是公共关系管理的核心工作，没有调查研究，就没有成功的公共关系及其管理。调查研究能够提供信息管理的来源和内容，提高决策质量。

（二）学校公共关系的组成

公共关系管理按照公众管理、事务管理、学校形象管理三个等级，分层、分类管理学校的公共关系。

学校公众关系管理的核心，是指向学校内部和外部的公众关系经营，具有长期性和潜移默化的特点。学校形象是指公众对学校的总体认知和评价，学校形象管理是对学校理念识别系统、制度识别系统、视觉识别系统等的管理，具有系统化、长期性等特点。

二、学校公共关系管理的价值

（一）良好的公共关系有利于优化学校外部环境实现社会职能

第一，使学校更能适应新形势的需要。置身于市场经济中，学校培养出的人才必须具有市场竞争力。学校在竞争中发展，不可能脱离外部环境，应与政治、经济文化、科技相联系，使自身能力转化为社会生产力。学校良好的公共关系管理，有助于学校树立良好的形象，而良好的形象能够将学校与市场的联系转化为学校的生存环境。政治、经济、文化、科技等因素的影响将对学校发展起到更好的支撑作用。市场经济越完善，学校良好的形象的竞争优势越会从学校综合实力中凸显出来。因此，学校应积极开展公共关系管理，树立良好形象，并将其转化为社会效益。

第二，为学校生源提供了有力保证。学校一切管理活动的目的是学校能够更好地生存与发展，生源是学校生存的基本保证。良好的学校形象预示着学校的办学水平、师资队伍、育人环境、教育教学质量以及科研能力的程度。因此，能够吸引更多优秀的生源，但不得不承认的是，面对如今市场的激烈竞争，很多学校的生源越来越少，建设良好的学校形象能够保证教育消费者对学校需求的稳定意向，缓和外界环境不稳定造成的不利因素对学校的打击。

第三，有利于获得外界支持。一所学校的发展，离不开人、财、物的获取。在学校的生存与发展中，常常会面临国家教育经费不足的问题，这就需要学校有自己筹备经费的能力。良好的学校形象更能够使得学校得到外界的信任和认同，促进外界达成投资意向。更为重要的是，良好的形象有利于得到上级和政府的重视，因此，学校更容易获得政策的优惠和政府资金的支持。此外，良好的学校形象更容易与企业进行科研合作、联合办学、实习基地建设等，有利于学校把科研力转化为生产力，缓解学校资金压力。

第四，有利于简化教育消费者的消费行为。若把教育行为看作是经济行为，学生应当是学校的消费者。当消费者在选择学校的时候，良好的学校形象更能吸引消费者的目光。有良好的形象作为保证，消费者会更愿意购买学校提供的教育服务，从而提升学校在市场中的竞争力。当初次购买者对学校的情况还处于未知状态，并且收集学校信息困难的时候，往往要通过在校的学生了解学校的状况，作为在校的消费者，他们的满意度直接关系到之后消费者的决定，因此学校良好形象的树立，能够使消费者直接体会到教育消费行为的保障程度。从而简化教育消费者的消费行为。

第五，促进学校形象形成健康的免疫系统。良好的学校形象会具有一定的知名度和美誉度，人们信任这所学校并给予它积极正面的评价，当面临危机的时候，良好的形象首先能够缓和危机带来的打击，人们更有可能站在学校的角度考虑危机的发生，为解除危机提供了时间的保证。因此，良好的形象是一种无形的资本，能够使学校在舆论中坚定立场，在发展中形成健康的免疫系统，为学校发展提供强大支持。

（二）良好的公共关系有利于优化学校内部环境实现管理职能

第一，增强学校内部凝聚力，有利于学校内部团结统一。内部公众既是学校内部公关工作的对象和目标，又是代表学校进行外部公关工作的主体和实施者，是与学校自身相关性最强的一类公众对象。内部公众相对于学校来说，对学校形象的塑造可能提升，也可能败坏。

内部公众与学校是相互依赖共存共荣的关系，一方面学校离不开内部公众，学校的生存发展，学校各项目标的实现，必须依靠内部公众。另一方面，内部公众归属于学校，依赖于学校。

正确有序地开展公共关系管理，塑造良好的学校形象，有助于学校形成最大的向心力，学校的价值观若受到教职员工以及学生的认同，就会形成极大的凝聚力，员工会积极调整自己的价值观符合学校的价值观，主动协调个人与集体利益，使得内部环境团结统一。

第二，增强满意度，使员工更加乐业敬业。良好的学校形象，能够有效地增强教职员工的责任感和使命感，促使他们更好地完成教育教学或管理工作，对学校内部的行为规范起到积极强化作用。同时对师生形成一定的约束力，教职员工如果感到学校的形象越来越好，对其自身也会起到鞭策作用，更有利于校内各项工作的顺利进行，有利于学校的管理和保持较高效率，从而创造效益。进而为教职员工创造有利的工作环境，有助于教职员工获得心理上和精神上的满足，使他们更乐于奉献。

第三，增加校园文化氛围，有利于校园文化品牌建设。学校本身就是文化的存在，文化立校是时代的取向。学校的文化是学校的内在灵魂，而良好形象是学校的外在表现，两者是辩证存在的，既密切联系，又相互影响。一般来说，学校的文化品牌决定了学校形象优劣程度，而学校形象的优劣又直接影响到学校文化品牌的建设。一所在校园环境、校风校训、教育质量方面都高的学校，本身就具有强大的精神感染力，师生长期接受熏陶，更加容易产生正强化，向学校的核心价值观靠拢，形成学校目标奋斗的向心力。

良好的学校形象，对内具有的激励、凝聚、潜移默化、自律自省的功能，对外具有扩散、辐射、宣传的功能，学校能通过形象管理改变已有的固着状态，使学校更上一个台阶，同时能在激烈的市场竞争中求得主动发展。

第四，提升学生基础素养，有利于生成学生文化精神。学生是学校公共关系中一类特殊的公众，既是内部公众，同时也是外部公众。良好的学校形象，有助于规正学生的人生观、世界观、价值观。三观正确的发展有助于学生形成相对稳定的行为方式和思维方式，在长期的学习生活中，使学生更加容易培养创新精神、实践能力和社会责任感，以高质量的学习实现发展自身的愿望。长此以往，在不同级别的学生之间，通过传承和创新的力量，使得学生文化保持内在的精神相通，树立学生的文化精神。

三、学校公众关系管理的内容及特点

（一）学校内部公众关系的构成及特点

学校内部公众包括校长领导团体、中层干部、教职员工和学生。学校内部公众关系管理即是员工关系管理。其目的是通过开展管理活动和传播沟通活动，提高学校内部凝聚力，形成全体教职员工的士气和对学校和工作的忠诚感。员工关系是学校公共关系工作的起点，是通过日常实践积累完成的，它是学校内部最重要的公共关系。学校内部公众是学校内部沟通、传播的对象。内部公众相较于外部公众具有稳定性、密切性、可控性等特点。

第一，稳定性是指在一定时间和条件下，学校内部的公共关系是相对稳定的。如果学校关心员工，保障其应有利益，学校内部员工积极工作，以学校的利益为最大利益，公共关系工作面对内部公众就保持基本稳定。这种稳定性应是学校内部公关工作努力追求的目标，同时也需要学校内部公关工作长期、连续地进行才得以巩固。

第二，密切性是指学校与公众之间关系的密切程度，内部公众与学校的关系最为密切和直接。内部公众对学校的情况较外部公众更加了解熟悉，同时内部公众的利益同学校的整体利益息息相关，他们的工作效率直接关系到学校目标的实现。学校可以利用这种密切关系，使员工为同一目标共同努力。

第三，可控性指与外部公众关系相比较，内部公众更容易控制。一方面，学校可以利用行政关系来控制和调节内部公众的活动；另一方面，由于员工与学校之间有着最直接、最密切的关系，员工本身也有一种自我控制能力。

内部公众的三个特点是相互联系、相互依存的，其可控性是由稳定性和密切性决定的。学校如果内部是相对稳定的，便易于协调和控制。同时，如果学校内部的公众关系较为密切，信息沟通便易于反馈，也使内部公众具有可控性。

（二）学校外部公众关系构成及特点

学校外部公众主要是指关乎学校生存发展的目标公众，包括学生家长、社区、政府、媒介、国际公众等。学校日常对外的人际交往蕴含着提升人际关系质量、提升学校形象、累积信誉和声誉的机会。学校对外部公众的管理要积极争取外部目标公众的理解和支持，为学校创造更好的外部环境，提升学校形象。

公共关系作为塑造组织良好形象的艺术，不是一个公共关系部门和几个公共关系从业人员就能够完成的，它需要组织全体员工共同并不懈地努力。对于学校来说，公共关系管理达到目标的原则和要求如下。

第一，从内到外——通过教职员工对本职工作的负责向外部公众提供优质的教育服务。

第二，通过教职员工对学校的关切和对学校的热爱共同达到此项目标，即

"全员公关"——学校的每个人都是公共关系成员，都是学校形象的一线解说员和信誉的创造者或破坏者。

第三，每件事情每个时刻都是公关，即"全程公关"，全程经营。把每一次与外部公众打交道的机会都公共关系化，都看作是提高学校形象的机会。

第四，开放经营。开放经营有两个含义：一是指学校向市场开放，向社区开放，向家长开放，在此过程中管理好学校的资源，计划好发展的每一步，让学校的固有资产增值。外部公众关系及其传播的管理是学校公共关系和学校营销的交集——外部公众关系管理包括关系经营和市场营销。另一个含义是向社会开放学校和教育，开放其内容和方法，尤其是见识的开放，智慧的增长要靠学校与外部力量的合作。

四、学校事务管理内容及特点

（一）学校问题——机遇管理

1. 问题管理

问题管理的精髓有两点：一是及早识别对于一个组织具有潜在影响的问题，二是精心设计用以缓和或者利用其后果的战略反应。这是公共关系功能的重要组成部分。

问题管理的方式由早期的被动式或攻击式处理，转变为现在的主动式的引导——即将人类行为的发展方向引导至对组织有利的方向，问题自然解决。基于此学校问题管理的有效形式应实行项目管理和分类管理，二者相互配合才能取得良好效果。

霍华德·蔡斯（Howard·Chase）在 20 世纪 70 年代提出问题管理定义的同时，指出了问题管理的程序和过程：主要包括确认问题、分析问题、确定先后顺序、选定项目战略、实施行动和传播项目、评估效果等。也可以这样概括问题管理的流程：识别问题和趋势——评估议题的影响、确定管理的先后和轻重次序——确定战略——设计计划——实施计划——评估。

2. 机遇管理

学校机遇管理是指对学校出现的问题在进行调查研究的基础上，努力发掘，利用契机（或威胁），提升学校品质和形象，同时伴随风险管理。机遇管理对包括学校在内的任何组织来说，都非常重要。把握得好，会使学校形象提升幅度很大；把握得不好，则会危及学校的信誉和形象。

（二）学校危机管理内容及特点

危机是不可避免的，任何一所学校大大小小的危机每时每刻都存在。有文献给"危机"的定义是：突发情况，是毫无预期的事件突然发生，而且必须专注地立即行动和处理。问题发展到学校需要采取行动的限度就是危机了。危机发生频率很低。它是影响组织或个人未来的决定性阶段。危机具有突发性、紧迫性、严重性、不利性和关注性的特点。

学校危机管理是指当危机事件发生后，学校对危机事件做出的所有反应和采取的一系列措施和对策（包括危机预警系统与方案的事先制定），以消除危机对学校的各种不利影响。一旦危机发生立即行动，让损失最小，让形象尽快恢复，让学校化险为夷。学校危机管理是一个过程，它包括了危机预警机制—危机处理机制（报告系统、公共关系处理系统、信息管理系统）、危机善后机制三个部分。危机中一定要处理好学校和新闻媒体、目标公众的关系。

包括学校组织在内，危机管理的特点可以概括为：危机是突发的，但危机管理却是有计划的，需要预见性、预测性。危机事件也可以当作项目来管理，指向明确。危机管理是一种紧急事务管理。但一定以目标公众态度为重心和线索，做好事前事后的工作，沟通是其重点工作。危机管理相对而言更多的是事后投入，而日常管理和问题管理相对的主要是事前投入。

在现代公共关系学和危机管理学中，危机公关和公关危机是经常出现的两个相互联系的术语。公关危机是指由于组织内外的不良因素所引发的危机事件，损害了组织的声誉和形象，使组织卷入社会舆论的旋涡，处于生存发展危机的一种公共关系状态。这种状态如不迅速改变，就会影响到组织的发展，甚至威胁组织的生存，因此称之为公关危机。

危机公关是指组织危机的公共关系管理，即指组织为避免或者减轻危机所带来的损害和威胁，制定和实施一系列有利于改善公共关系的策略，使组织重塑公众形象、恢复社会信誉，规避危机、控制危机、消除危机和恢复重建的活动过程。

学校突发事件必然给学校的公共关系管理带来一定损害，因此，学校应急管理中的公共关系，是学校处理危机管理不可忽视的内容。

五、学校形象管理

（一）学校形象概要

学校形象资本的形成和积累，不仅取决于组织自身的行为，也取决于学校与公众的及时交流、学校行为对公众影响的大小以及公众对学校的认可程度。无论是资源还是资本，都表明同样的事实：形象已经成为一个学校在竞争中快速发展的重要影响因素。

1. 学校形象与学校实象

为了透彻说明学校形象的概念和特点，这里必须提到一个重要概念——学校实象。

学校实象是指学校品质的实际状态，即学校管理、运行、质量、服务、竞争力、社会责任等方面表现出来的实际状况和学校管理的实际水平。学校实象是学校形象的基础，学校形象是实像在公众心目中的反应和投影。

$F = F'$。学校形象和学校实象一致或基本吻合；表明学校公共关系信息传播沟通工作准确到位，公众对学校的认识和评价符合学校实际情况。

$F > F'$。学校形象低于学校实象，即公众对学校的认识和评价比学校实际情况要低。说明公众对你认识不够或有误解、错觉。这种情况是由于缺乏沟通意识造成的，这种情况下的学校急需开展公共关系宣传工作，提高公众的认知度。

$F < F'$。公众对学校的评价大于学校实象。学校组织在公众心目中出现的是虚像和放大了的投影。对于公众而言，这是一种假象。随着时间的推移和公众认知程度的加深，假象会破灭，继而会导致组织形象坍塌，信誉毁灭，对学校实象有全盘否定的危险。

学校形象塑造不仅是公众从印象、态度到舆论的一系列心理过程，更是学校实象的运行过程。学校形象塑造的主题就是努力使观众的评价准确反映学校实象，实现二者的统一。

学校形象和学校实象构成学校形象管理的两个有效维度。学校形象是站在外控制点角度评价学校的结果，是用公众的眼睛作标尺的结果。学校形象如何是直接关系到学校生存和发展的大问题，如生源市场份额、融资程度、优秀师资的流失率和学校的吸引力等。

2. 学校形象的形成过程

学校形象是社会公众对学校的总体认识和评价，学校形象即公众心目中对学校组织的认知（目标公众+非目标公众）与定位（目标公众）。这一过程包括：学校组织通过各种活动与公众进行有效沟通，把有利于学校组织的信息传播出去，而公众则要通过对这些信息的感知、记忆、思维、想象，最终获得并形成心目中的学校形象。一般把组织形象的形成总结为公众印象、公众态度、公众舆论三个步骤。

（二）学校形象的特点

第一，学校形象的整体性。指学校形象的构成及其表现具有整体性。学校形象是以整体性面貌呈现在公众面前的，是由从名称到文化、精神的诸多因素构成的；是学校的外在特征、风格和内在文化的和谐统一，是社会公众的视觉、听觉感受、行为体验的统一；学校形象通过学校教职员工的形象、学生形象和环境形象得到体现；学校形象是一个长期渐进的累积过程，形象不是策划出来的，而是行动和表现的统一。

第二，学校形象具有主观性。社会公众对学校的认识向评价的形成过程具有主观性，学校形象与公众态度、公众舆论、公众行为有密切关系；学校本身在塑造自身形象过程中，也具有较强的主观能动性——它是学校自我设计和发展的过程。

第三，学校形象具有客观性。这种客观性表现在两个方面：一是学校形象的实际状态，即学校实象是客观存在的，成为学校形象的原型。二是学校形象的形成过程具有客观性——学校形象是学校开展系统的管理活动和沟通活动，对公众实施有目的、有意识的影响，通过社会公众一系列的心理活动过程而形成的。

第四，学校形象具有稳定性。这种稳定性是相对的，是相对于其动态性和主观性来说的。动态性指组织形象处于不断变化发展之中。虽然学校相对于不同公众会呈现出不同的主观感受，但相对是稳定的。公众对学校的大致认识和态度是一致的。

第二节　学校公共关系管理的价值研究

一、有助于优化学校外部环境实现学校的社会职能

（一）有助于学校扩大知名度和美誉度

任何组织良好形象的树立，首先应建立在组织自身的工作质量的基础上，应努力向公众宣传组织的情况，让公众了解自己对社会的意义和贡献，帮助组织塑造形象，一所学校的知名度、美誉度是否高，是其在社会中的形象地位和影响力大小的标志。一所学校一旦能在社会中确立较高的知名度、美誉度，便会引起社会的广泛关注，并得到各类社会组织和社会团体的支持，这对学校来说，无疑是一种生存和发展的重要保障，这也是学校公共关系管理的目的。

（二）有助于学校更好地处理与周围公众关系以取得广泛的认同与支持

学校与社会环境的良好关系状态，是学校获得社会支持的基础，学校公共关系管理工作就是要帮助学校建立与各类相关的社会组织和社会团体的沟通网络，争取公众了解和支持。学校通过与外部广泛的交往和沟通，能避免或减少学校与外部环境的摩擦和冲突，一旦发生了冲突，也能在沟通的基础上迅速予以协调，使矛盾得到妥善处理。家长是学校形象的重要评价者和宣传者。如果学校与家长间关系良好，他们就会成为学校形象的义务宣传员；当然，如果学校与家长关系处理不好，他们又会成为学校形象的破坏者。社区也是学校办学的重要支持力量。社区是学校形象最直接最准确的评价者。良好的社区关系，不仅可使社区成为学校的生源地、就业地、后勤保障地，而且还可使社区成为学校积极舆论的传播者。校友们往往对母校怀有很深的感情。大多数校友会关注母校的情况，愿意关心和支持母校的发展。而且校友分布在社会的各个领域，通过他们联系社会各

界公众，宣传学校的成就和发展，能使学校的形象获得更高的知名度、美誉度。在现代信息社会中，新闻界是社会信息流通过程中的"把关人"，它在信息的传播沟通中有极重要的地位。学校与新闻机构及新闻工作人员处好了关系，等于学校拥有了良好的舆论关系。学校还得处理好与它的教育行政主管机关的关系才可以获得上级机关的理解、支持，特别是财政支持、政策扶持。

（三）有助于学校了解社会公众的态度并引导公众形成对学校的积极评价

公共关系管理的一个重要职能就是进行信息的传播沟通，即及时、全面、准确地将有关公众信息传递给学校。同时将学校的政策与行为信息向公众传递。公共关系能帮助学校随时监测社会环境状态，观察和预测影响学校目标实现的公众情况和其他社会环境变化情况，了解公众对学校的各种态度变化情况。学校与社会环境的良好状态，就是与学校有关的公众团体和公众组织的态度，向有利于学校的方向转变。要实现这一点，最基本的前提是要严密观察周围的环境，知道公众现有的态度是怎样的，对公众和环境的变化做出预测。在这个基础上，学校才会有目的地组织开展各种公关活动，影响和劝说公众，有效地改变公众的态度，消除公众的误解，争取公众对自己的了解和支持，引导公众形成对学校的积极评价。

（四）有助于监测学校环境以识别学校面临的机遇和挑战

学校的环境是由学校的公众以及影响学校生存发展的社会政治、经济、文化等因素构成的。监测学校环境是指观察和预测影响学校的公众情况和其他可能对学校工作带来变化的情况。学校所处的政治环境、经济环境、社会文化环境、人口统计环境等宏观环境不仅影响学校，而且对整个社会发展产生影响。这些宏观环境因素在很大程度上是不可控的，且处于快速变化之中。因此，学校的课程要根据实际需要做出调整，我们的教学要根据经济形势、社会形势的变化而变化。教学计划也必须具有足够的柔性以应对外部环境的变化，如果把教学计划定得很死，将难以在随时可能发生的各种变化中迅速调整计划。竞争对手、顾客、公众等这些外部环境的微观因素相互作用，在不同程度上影响学校的生存和发展。无论是宏观因素还是微观因素都对学校发展产生重要的影响。学校公共关系管理工作的目的，就是要识别影响学校的外部环境因素，帮助学校认识面临的机遇和挑战。帮助学校和环境保持平衡状态，适应状态。

总之，学校运用公关管理，可以主动建立与各界外部公众交往关系，并在两者之间形成密切的双向信息循环，使学校与外部环境始终处于和谐适应状态。

二、有利于优化学校内部环境实现学校的管理职能

（一）有利于健全学校的民主管理机制

公共关系的一个基本原则是双向沟通，即强调在管理者与教职员工之间建立正常的、制度化的、通畅的对话渠道，通过这种渠道能使学校与教职工之间彼此互相沟通，达到上情下达和下情上达，为实现民主化管理创造条件。通过学校公共关系，使教职工能够及时了解学校的各项决策，从而提高执行决策的自觉性、创造性，更好地开展工作，学校也能够及时、全面地了解和掌握教职工对学校管理的意见和建议，以及教职工的思想、工作、学习、生活等情况，充分考虑和满足教职工的合理需要，调动教职工的积极性。这样一种双向沟通方式，大大增进学校管理者与教职员工之间的相互了解，使双方相互信任，而且增强管理的透明度，增强教职员工的参与意识和监督意识。

（二）有利于培养教职员工积极向上的精神风貌

一个能够取得卓越成就，并能长久保持竞争优势的学校，其中一个相当重要的因素就是重视公共关系管理，积极开展学校内部的各项公共关系活动，培养广大教职员工积极向上的精神风貌。不论哪所学校都需要有一个基本信念和目标宗旨，以维系、动员和激励全体教职工，充分调动他们的积极性、主动性和创造性。学校积极开展公共关系能使他们在自己的业务岗位上建立一种个人与学校的认同关系，获得归属感和荣誉感。

（三）有利于协调和改善学校内部的人际关系，充分利用学校人力资源

学校是培养人才的地方，也是人力高度密集的场所。开发人力资源对于学校

意义十分重大。人力资源开发管理的目标有两个：一是降低人力资源的投入成本，增加人力资源的收益；二是促进人力资源价值的实现，最终实现学校的组织目标。公共关系管理主要是通过优化人际关系来实现其价值的。公关管理是一种以人为本，尊重人的合理需求，尊重人的个性发挥的管理。教师具有较高的知识教养，他们对自己人格的关注特别敏感，学校管理者运用公关管理手段，尊重教师，加大感情投资，不仅关心教师的工作，还关心他的生活，不仅使广大教师的经济需求，社会需求得到满足，还能使他们心理的，精神的内在需求获得满足，那么广大教师必定会勤奋工作，努力劳动。公关管理还要通过倡导积极的人际交往，使领导与教师之间，教师与教师之间形成和谐的人际关系。一个学校能否取得成功，关键在于学校内部各类公众的人际关系，如果学校能够从自己的实际情况出发，满足内部公众各个层次的不同需要，那么这个学校内部的人际关系必然是良好的，必定有助于学校提高工作效率，实现既定的目标和任务。总之，公关管理能够帮助领导树立真正依靠教师办校理念，关注教师的切身利益，倾听他们的需要和意见。营造一个宽松、民主的校园气氛，从而使教职工心情舒畅，减少不必要的摩擦，提高工作效率。

（四）有利于正确导向和规范学校教职员工、学生的行为

学校的公共关系管理通过造就全体教职工、学生良好的价值观念，可以导向、规范和约束他们的行为。正确的价值观念把他们的日常工作与高层次的价值目标联系起来，使他们超脱低层次的狭隘眼界，获得精神动力。一旦全体教职员工形成了共同的价值观念，那么这些共同的追求目标和共同的利益宗旨，必然对学校内部的全体公众有一种强烈的感召力。这些价值观念与行为规范一经广大员工的认可、接受，就会对他们的行为产生巨大的导向作用。

三、有利于维护学校经济利益实现学校的经济职能

学校利用公关管理手段，将带给学校的是无形的和现实的财富。无形的财富体现在：为保留或吸引人才创造了条件；为吸引社会资金提供方便；为该校任何一项教育服务创造出一种消费信心；有助于增进政府对学校的好感和帮助，有助于增进社区的支持等，也就是说可以获得有利的政策、拨款、招生名额、捐款和

生源等。现实的财富即经济利益，它包括两个方面：一是维护学校现有经济利益，二是获取未来经济利益。学校正在从事的教育服务工作和经济活动的经济收益就是学校的现有经济利益。这些经济利益的保持，一方面需要有坚实的教学质量和管理质量作保证，另一方面也需要有卓有成效的公共关系工作。学校管理的目标是为了取得好的效益，而办学效益的高低与学校现有经济利益的多寡，以及获得未来经济利益的能力大小密切相关。因此，学校的一切工作都必须包括维护学校的经济利益并尽力获取更多经济利益等内容。所以，学校公共关系管理工作不仅仅具有传统的信息采集、咨询建议塑造形象、搞好传播和协调关系等职能，而且还应该具有一项重要职能——维护和获取经济利益。

（一）学校公共关系管理工作能够维护学校的经济利益

学校要发展，就必须在保持既得经济利益基础上，占有更多的经济资源或获得更多的经济利益。学校任何部门、个人都必须维护学校的经济利益，并在力所能及的范围内发展学校的经济利益。学校公共关系管理工作就担负这一职责，因为学校公共关系管理作为学校管理的一项职能活动，其目标是与学校管理总目标相一致并为其服务的。而且公共关系管理的根本目的，就在于维护学校已经取得的利益，尤其是经济利益，并发展学校的经济利益。

学校的经济利益既包括学校教育服务的收入即财政补助收入、上级补助收入、事业收入，又包括经营收入、社会捐赠、投资收益等非教育服务收入。无论是教育服务收入还是非教育服务收入，都需要保持，即需要通过各方面的工作，尤其是公共关系工作维持现有的收入水平。学校与政府、教育行政部门、社区公众和其他组织和个人的良好关系，能保证学校有稳定的生源和收益。

（二）学校公共关系管理工作能够获取未来经济利益

公共关系通过与学校公众的交往、沟通，能使学校公众对学校有全面、正确的了解，使他们对学生产生好感。对于学生家长公众来讲，学校的教学质量、声誉、学校精神等是他们选择学校时考虑的主要因素。同时，学校公共关系工作还能密切学校与教育行政部门的关系，争取教育行政部门对学校的教学教育工作予以各方面的支持，包括拨款、政策等。学校公共关系还可以促使社会将资金、物质资源投入到学校。因此，通过学校公共关系能获取与教育服务有关的未来经济利益，使学校的办学效益提高。

第三节 学校公共关系管理现存问题与应对策略

学校公共关系管理是对人、事、物的管理，其发展结合了学校特有的环境，呈现了不同于其他公共关系管理的特点，同样也存在着很多特定的问题。

一、学校公共关系管理呈现的特点

（一）卖方市场仍占主导

当前，学校公共关系现实管理格局没有形成还有一个重要原因就是现在的学校仍处于卖方市场。我国是人口大国，在优质的教育资源有限的前提下，许多政策保护这一市场地位。政府拨款制度使公立学校没有绝对的资金忧虑，也没有形成和当地社区和纳税人报告资金使用的习惯和制度。长久以来，我国公立学校形成了轻视公众的办学和管理心态。而生源和资金的筹集、使用恰好是学校公共关系管理最主要的职责之一。所以，学校公共关系管理正面临着巨大的挑战。

（二）学校公共关系危机事件频发

学校是人口集中的场所，容易发生各类危机事件，概括可分为以下几类。

1. 按照学校危机的性质进行划分

自然危机，即危害学校以及师生公共安全的自然灾害，如地震、洪水等；人为危机；学生意外事件，如车祸、运动伤害、中毒、建筑设施伤害等；学生暴力与偏差行为；师生管教冲突事件，主要是指关系紧张的危机事件，如任课师生冲突、辅导员与学生冲突、学生抗争申诉、收受贿赂等；管理决策失误，如招生计划未完成、生源急剧减少；人才流失，即骨干教师、教学能手等优秀教师纷纷跳槽或死亡导致教师队伍人才流失，影响了学校正常教学秩序。

2. 根据危机发生的后果进行划分

与生命财产安全直接相关的事件，包括学生个人财产安全和学校财产安全事件；破坏学校正常教学、工作以及生活秩序的、损坏学校以及师生社会形象及声誉的事件，如邪教组织。

3. 根据危机发生的时间划分

突发性事件，如交通事故、枪击等；持续性发生事件，如吸毒、心理疾病、赌博等。

二、学校公共关系管理存在的问题

（一）缺乏系统长期的形象管理目标策略

随着市场经济在社会中所占的比重越来越大，社会认同是学校立足的重要依据之一，如果学校想在复杂的社会环境下谋取长期、和谐的发展环境，公共关系管理就不能停留在表面，学校需要制定一个长期的发展计划。现阶段学校公共关系管理仅仅处在对于某事件的处理以及常规性的形象管理过程中，并没有形成长期的、主动的、系统的管理模式。

（二）危机处理中缺乏与公众及媒体的沟通

我国大多数学校在面对公关危机时，处理方法还有很多不合理的地方，面对不同的危机，学校需要具体问题具体分析。不应该采取不处理、不应对的原则，使危机慢慢淡化在人们的视线中，这与公共关系管理中主动积极的处理公关危机的原则是背道而驰的。同时，学校面对公关危机时，处理与受伤害学生和家长的关系中，缺乏换位思考，不重视和他们的沟通，主观利己。另外，许多学校没有设立专门的媒体接待机构，与媒体的沟通不够规范，这都不利于学校公共关系的发展。

三、学校公众关系管理策略

(一) 学校内部公众管理策略

1. 学校与教职员工关系管理

教职员工作为学校最直接的公众,是学校公共关系中最重要的关系之一。良好的员工关系是公共关系的起点,公共关系的基本任务之一是内求团结,搞好员工关系,因此学校可以从以下三点着手:尊重教职员工的个人利益和价值,尊重教职员工分享学校信息的权利,重视与教职员工的情感交流。

2. 学校与学生关系管理

学生是学校比较特殊的公众,既是学校的内部成员,也是学校教育的消费者。这样双重的身份使其成为学校形象管理和公众管理的中介者。这项关系管理主要包括学校与学生的双向沟通项目、教师与学生的沟通。

首先,学校与学生的双向沟通项目。学生是连接学校与社区的重要纽带之一。学校与学生的关系直接形成家长、社区和社会对学校的直觉初步印象。学校与学生之间良好关系的建立和相互关系的改善,需要完善与学生正式的双向沟通机制。

双向沟通方式大致分为学生会、学生意见调查、学生出版物等。

其次,教师与学生的沟通。教师在学生成长过程中具有重要的影响作用。师生关系的主动权在教师手里,具体可以从两个方面说起:有语言的使用技巧。教师在与学生沟通时要考虑到学生的自尊心和心理承受能力。还有非语言的沟通技巧。非语言的沟通也是十分重要的,学生能够读懂老师的表情、目光、姿势、手势、距离等的准确含义。非语言的沟通包括肢体语言(表情、目光、姿势)、空间语言(身体指向、与学生的人身距离、方位角度)和类语言的使用技巧。

再次,非教学人员与学生的沟通。包括图书馆和阅览室,这是学生容易集中形成对学校看法的地方,其看法和评价是和这里的服务态度、质量联系在一起的。这里把图书和阅览室管理员分为三类。第一类是微笑服务,热心和学生交流,了解他们的需要,接受服务者的感觉如坐春风般舒适敞亮。第二类是沉默型的，尽量少说话或不说话，表情中有不耐烦的神态，盼望来者快走，有着对工作的厌倦和冷漠，让来者的心里不舒服。第三类是暴躁型的，说话像吵架一般，声音高八度，一脸不耐烦。

还有校医院，医疗服务人员的态度和服务质量也是影响公众对学校印象和感受的重要方面。服务态度影响学生对学校的总体感受。

学校餐厅和校外的营利餐厅是不同的，它设立的目的是方便学生和教职员工的生活与工作。如果说图书馆是与学生打交道最多的学习机构，那么餐厅就是与学生接触最多的生活场所，既是学生们随意发表评论、表达各种意见的地方，也是最容易产生问题的地方。学校餐厅承担的工作比其他机构要烦琐，要求更细致入微。

还包括保安人员。门卫和保安能够礼貌、热情地对待每一位来访者，会让学校的形象很阳光，否则会使人产生不好的感觉。学校的责任是，让每个员工都意识到，自己是学校形象和声誉的创造者，对这些非教学人员进行必要的培训——不要把所有的人当作假想敌，而应该当作朋友。

（二）学校外部公众管理策略

在现代市场经济社会中，服务至上的观念已经形成。学校建立良好的公众关系的目的是促使外部公众对学校的良好形象，提升学校的知名度、美誉度，从而使学校能够更好地发展。

学校目标公众是教育的消费者，在内部关系理顺的前提下，外部公众就是学校的上帝。

1. 学校与学生家长关系管理

首先，多与家长进行信息交流。学校要及时收集和了解家长的相关信息，通过对家长调查、跟踪服务、接受投诉等方式，掌握来自家长的各种信息，并对之进行分类、归纳，依此调整和改进学校的工作。同时学校也可举办家长开放日、广告等形式，向家长传递学校的理念，发展现状，使家长更全面了解学校，融洽双方关系。

其次，正确处理家长投诉。当学校与家长发生冲突或纠纷时，一个成熟的、负责任的学校公关部门应该妥善、迅速地处理纠纷，站在家长的角度为其考虑，并解决实际问题。再好的外部公众关系也不可能不发生任何差错和纠纷，对此学校应全面收集和处理，把它当成改善学校形象的重要契机。要善于倾听家长意见，及时处理投诉，才能使家长与学校的关系长久稳定。

2. 学校与社区关系管理

社区是人们共同生活和活动的区域，如村落、城镇、区、街查等。社区是一个相对独立的地域性社会。每个社区都有其特定的人口和地理区域，他们有着共同的利益、价值观和社会来往。对于学校来说，社区是学校的生存空间，也是学校的服务对象。学校和社区的沟通方案应该是双向的、相互的和互利的。

学校搞好社区关系，就是在学校和社区之间建立和保持一种亲情和相互理解的关系。其目的是争取社区公众对学校的了解、理解和支持，为学校发展创造一个稳定的生存环境，同时能利用社区关系扩大学校的区域性影响。处理社区关系时，应注意两点：第一，加强与社区的信息沟通。这是搞好社区关系的基础。学校应该通过各种方式与社区加强交流与沟通，将学校的办学宗旨、校园建设、科研能力、获奖状况等及时有效地传递出去，增加透明度，提高知名度，求得社区对学校的支持。第二，将学校社区化。学校应当视自己为社区的一员，教职员工、学生适当参加社区的活动。社区希望学校帮助改善社区的文化建设，学校以社区利益和需要为中心设计沟通方案，通过提供帮助和支持获得社区资源和公众良好的形象。

（三）学校与媒介、政府关系以及国际公共关系管理策略

在信息多元化，网络发达的今天，学校公众关系管理要特别重视媒介的传播作用。

1. 学校与媒介关系管理

媒介关系，也就是新闻界关系，主要指学校与新闻传播机构，如报社、杂志社、广播电台、电视台及各种网站以及新闻界人士，包括记者、编辑等的关系。此外，在信息多元化的今天，新媒体也应受到关注。新闻媒介是学校与社会公众联系的主要渠查，是学校最敏感、最重要的公众之一。处理与媒介公众的关系要注意以下几点：与新闻界保持长久、密切的联系，建立良好关系；尊重媒介公

众；真实传播学校信息。

鉴于之前对学校媒体影响力的分析，学校在处理与媒介的关系中，要把新媒体也放在重要的位置。多与媒体公众互动沟通，提高学校在网络的影响力、活跃度、传播度以及覆盖度，使学校公共关系管理能够通过各种媒介全面提升。

2. 学校与政府关系管理

政府是国家权力的执行机关，政府公众是学校的所有目标公众中最具权威的对象。与政府保持良好关系的目的，是争取政府对学校的了解、信任和支持，为学校的发展争得良好的政策环境、行政支持和政治条件。搞好政府公众关系，对学校来说具有十分重要的意义，具体应该做到：以政府能够接受的方式，增加学校的办学自主权。加强与政府的沟通以便学校熟悉政府的政策、法令及变动。

同时，扩大学校在政府中的信誉与影响，增强政府对学校的信心和重视程度。

3. 学校国际公共关系管理

学校开展国际公共关系活动必不可少。处理好国际公共关系需要运用跨文化传播手段，使学校形象国际化，争取国际公众的了解和支持，在国际上营造良好的生存与发展空间。

学校国际公共关系的开展基础有三个：调查研究的技术、媒介的运用和国际公共关系礼仪。但一定要格外注重和熟悉国际规范礼仪、不同国家和民族的文化习惯。

四、学校事务管理策略

（一）学校问题管理策略

1. 学校技术性问题的管理程序

第一，调查预测——发现问题。通过收集信息、调查预测来发现学校中存在的问题，如现在的问题、潜在的问题和趋势性的问题。对于组织的发展是否能够占尽先机，预测是很重要的。学校是非营利组织，许多问题不如消费市场那么敏感，需要以调查为依据。学校组织对自己的形象和状态都有一种问题的直觉，但仅仅依靠直觉是不够的。需要调查和收集家长、社区、教师、学生等公众的评价意见，以修正良好的自我感觉和现实评价之间的偏差。

第二，分析情况——评价问题。发现问题之后：首先，对其进行整理分类。其次，分析原因。最后，慎重对待问题。

第三，提出对策——解决问题。制定相应的措施，选择行动方案，消除问题，防患于未然。教职员工的意见是决策制定时参考的重要内容。

2. 学校适应性问题领导策略

学校的适应性问题往往与组织变革及其领导联系在一起。校长领导团队要努力研究适应性问题，必须学习如何解决这类问题，并运用其解决问题策略及知识管理策略，将适应性问题尽可能转化为比较容易克服的技术性问题。建议校长对适应性问题采取如下领导策略。

第一，阳台策略。校长在充满危机的领导中，必须具备"能进能出"的能力，既身处其中又能置身事外，来回穿梭于参与者和旁观者两种角色之间，这就是"到阳台上"的领导策略。否则，校长如果具有高度使命感并积极投入校务改革，缺乏自我反省的机会，就可能成为终日忙碌推动改革而疲惫不堪。培育到"阳台上"的习惯，就能够做到思维清晰地调整策略。

第二，从政治层面思考的策略。人际关系是领导成功的关键。校长应该争取盟友，亲近对手，也要赢得中间人的信任。平日应该用情感领导和魅力领导等策略，与同仁建立深厚情谊，争取他们对自己理念的支持，主动亲近和沟通持不同意见的人。

第三，调和冲突的策略。校长领导变革必须先建立关系架构，处理棘手问题，并建立规范，使反对者有发表意见的沟通渠道。以走动管理的方式主动亲近同仁和倾听校务改革的建议。避免给反对人士太多压力，以降低其反对的理由。

第四，强壮策略。校长要培养下属解决问题的能力，让他们有历练的机会，让他们独自面对问题，让他们在问题中成长。

第五，从容不迫的策略。当你承担亟待解决问题的责任时，能够冷静承受高度的压力，应能使不均衡的抗拒力转化成变革的助力。

（二）学校危机管理策略

1. 危机管理中公共关系的任务

（1）恢复信任

突发事件给学校带来的公共关系危机之一，是公众的信任危机。因此恢复公众对学校的信任，是学校公共关系的重要任务。信任是一切沟通和合作的前提，失去了信任，就失去了组织运转的社会根基。学校突发事件中的公共关系活动，无论是新闻发布、接受专访，还是慰问伤者、悼念逝者，都应有利于恢复公众对学校的信任。

（2）平复情绪

人的情绪与事件及环境有着内在的联系，外在环境的突然改变，往往使人产生剧烈的情绪波动。学校突发事件出现后，学校成员尤其是学生，出现恐惧、悲伤、自责、憎恶、愤怒、烦恼等负向情绪是十分自然的。学校所应做的工作，是采取各种干预措施，缓解并逐渐平复这些不良情绪，消除它可能带来的不良影响。除了专业心理疏导以外，通过公关活动，如慰问、座谈等，也会对缓解、平复师生的情绪起到积极作用。

（3）制止流言

突发事件出现后，学校马上会成为社会关注的热点，成为各种舆论议论的中心。与此伴生的是，各种小道消息会像病菌一样传播开来。因此，做好舆论导向工作，制止流言的传播，是学校危机公关的一个重要内容。

（4）形成合力

学校突发事件的处置，是一个复杂的系统工程，需要校内外多方面的协作。然而，危急时刻又容易产生冲突和纠纷。因此，学校突发事件出现后，必须通过积极有效的沟通，使涉及事件的有关组织和个人，放弃局部和个人利益，搁置各种争执，顾全大局、同心协力、共克时艰，最大限度地降低事件造成的损失。

（5）重振信心

突发事件不仅会造成物质上的损失，也会造成人们精神上的创伤，动摇人们对未来的信心。危害较大的突发事件，会使一些师生对未来产生迷惘。因此，应通过各种宣传形式，让师生以积极的心态面对，并渡过难关。

(6) 维护声誉

突发事件可能会给学校造成负面影响，使学校的社会声誉受损。究其原因，一方面，来自学校的主观原因，如学校防范不力、处置不当等；另一方面，来自客观因素，如学生、家长的误解，别有用心者的谣言中伤等。无论何种原因，学校都要采取措施，消除不良影响，恢复学校声誉。对于学校自身存在的问题，要敢于承认，勇于担当，真诚查歉，及时纠正；对于学生和家长的误解，要通过沟通加以化解；对于恶意诽谤，要正面回应，澄清事实，以正视听。学校声誉的维护，既需要学校在处置突发事件中的积极表现，又离不开有针对性地开展公关活动。

2. 危机管理中公共关系的策略

第一，搜集使用资料的策略。

占有并恰当使用资料，是处理危机公共关系的基础性工作。因此，在学校应急管理中，公关人员必须注意搜集和使用相关资料。这些资料主要有：事故现场的资料，包括照片、录音、录像等。这些资料对于公众了解事件的真相，会起到很好的佐证作用。

有关领导的言论和行为。包括相关领导指示，指挥部的指令，已经和将要采取的措施，相关的数据、典型事例等。

相关政策法规。国家的相关政策法规，如相关教育法规、未成年人权益保障的法规、学校设施标准的法规、学校安全的法规等相关报道和评论。要注意查阅各种媒体的相关评论，包括对事件的报查，对事件原因的分析，对处置措施和结果的评论等。既要关注正面的肯定性评论，也要关注负面的否定性评论；既要关注专业人员的理性化评论，也要关注普通民众的情绪化议论；既要关注真实的报查，也要关注虚假的新闻。

第二，处理与上下级关系的策略。

及时汇报。根据分级分类管理的原则，对于级别高的学校安全事故，应第一时间向上级汇报，为上级及时做出决策，指导事故的处理赢得时间。切忌逃避责任，隐瞒不报、虚报、漏报。

主动请示。学校的职权是有限的，遇到学校职权以外的问题，要主动请示上级领导。尽管突发事件的处理时间紧迫，也不可超越职权擅自行事。当然，对一般性的工作或上级授权范围内的工作，应果断处理。

保持一致。保持上下一致，是处理学校与上级公共关系的一个准则。在处置学校突发事件中，学校更应注意与上级保持一致。其一是言论一致，对外发布的消息，必须与上级保持一致；避免说法不一，扰乱人心。其二是立场一致，要站在统一的立场上，观察问题、处理问题、避免不顾大局，片面从学校局部的立场上自行其是。其三是行动一致，学校要服从指挥，保持上下协调；避免不听指挥、擅自行动。

提出建议。上级对学校的具体情况的了解总是有限的，突发事件出现后，学校在向上级请示汇报的同时，应提出处置建议，这样有利于上级领导根据事件的具体情况，恰如其分地制定出相关政策。

坚决贯彻。上级做出决定前，可以及时沟通，提出意见和建议。但上级决定已经做出，必须坚决贯彻执行。处置学校突发事件，尤其是救援行动，如同作战一样，坚决执行上级的决定，是取得胜利的关键所在。

3. 处理与受伤害学生及家长关系的策略

首先，态度真诚。对于学校突发事件中，受到伤害的学生及家长，学校应抱着真诚的态度与之沟通协商，以取得相互间的理解，达成对处理意见的共识。任何欺骗、压制、威胁、恐吓的做法，都只能加深彼此的不信任，既不利于问题的解决，也会损害学校的形象。

其次，换位思考。即站在对方的角度去思考问题，它是一种有利于人与人之间相互理解和交往的思考方式。学校在应对突发事件时应当站在学生及家长的立场认真考虑。

再次，包容体谅。受到伤害的学生及家长，由于突然遭受事故带来的打击，产生冲动的情绪和偏激的言行，都是可以理解的。学校的有关领导和老师，在与他们交往中，尤其就赔偿事宜协商的过程中，对他们过激的情绪和言行，应予以包容。不可针锋相对，激化矛盾，恶化事态。

还有，认真倾听。认真倾听是重要的交往艺术，与任何人交流，都不可只顾自己讲述，而忽视了对方的表达。学校突发事件中受伤害的学生及家长，他们的讲述，不仅有利于学校了解他们的想法、感受和要求，而且讲述本身对于他们宣泄不良情绪、平复起伏的心绪，会起到积极的作用。认真倾听，也会使学生及家长感受到学校对他们的尊重和重视。

最后，解决难题。对于学校突发事件中受到伤害的学生，应本着人道主义精神，积极给予赔偿。对于学校过错责任事故，学校应依法承担赔偿责任；对于无过错责任事故，学校也应怀有人道主义立场，给予必要的赔偿。对于受伤害学生和家长提出的其他要求，也应在力所能及的范围内，尽力帮助解决。

4. 处理与媒体关系的策略

第一，要建立媒体记者接待机构。突发事件出现后，学校往往成为公众关注的热点，也自然成为媒体报查的焦点。对新闻媒体的采访，学校不能冷漠地拒绝，而应积极的给予理解和配合。在学校突发事件应急响应系统中，应该设立专门的媒体接待机构，由专人负责媒体接待和记者采访。学校对待媒体的不当态度，也会成为有损学校形象的负面新闻。因此对新闻媒体的采访要热情接待、言行有礼、周到有度。既不可采取水火不容的敌视态度，也不可采取亲如家人的庸俗合作态度。

第二，要主动向记者提供信息。没有正面的信息，就给谣言的传播提供了空间，突发事件出现后学校尽快向新闻媒体主动提供信息，正面的官方信息一经公布，谣言就不攻自破了。学校应该理解媒体记者的职责就是及时提供新的实时报道，没有新信息，他们的工作就无法进行。

第三，重要信息以书面的形式提供。学校在突发事件中提供的信息必须准确可靠，这样才能避免报道失真。因此，涉及诸如相关数据等高度准确性的信息，最好以书面的形式提供，以防误传。

第四，信息发布要严肃谨慎。新闻发言人要把信息核对后方可对外发布，要按照事先准备好的稿件发布信息，要站在正面的立场回答问题。切不可信手拈来，随意发表个人观点和感受，对没有弄清楚的问题，不要马上回答；对充满变数的问题，不要急于发表评论。

第五，要注意非语言沟通。学校领导或新闻发言人，要注意非语言因素在沟通中的作用。衣着要得体，站姿（坐姿）要端正，面部表情要自然、从容、自信、和善。同时，要注意手势、姿势、眼神等形体动作，以及语调、音质等传递的信息。

第六，控制沟通的进程。学校应在接受媒体采访时自始至终控制沟通的主动权，而不是被动地让媒体牵着鼻子走。主动选择适当的时间和地点；确定是仅仅发布信息，还是同时回答有关问题；回答几个问题，回答谁提出的问题等，都要由发言人或主持人来掌控。

五、学校形象管理策略

学校形象管理策略主要包括三部分：首先是 SIS 形象定位系统；其次，根据 SIS 形象定位系统进行学校形象定位设计；最后，学校形象差异化管理策略，是学校长期塑造形象的有效方法。

（一）SIS 形象定位系统

SIS 是学校形象管理的重要战略框架和工具。

教育界根据企业形象管理提出学校形象管理的 SIS 形象定位系统，即 "School Identity System"（简称 SIS），SIS 具体由学校理念识别（SMI）、学校行为识别（SBI）和学校视觉识别（SVI）三个子系统构成。在学校发展上有整合性。

SIS 的构成要素包括：学校理念识别系统，主要由办学宗旨、学校办学理念、学校风格、学校精神及反映学校精神的校训、校歌等方面构成，具有导向性和强化作用，形成学校最深层的文化底蕴，是学校意识形态的总和。包括两个方面：一是学校基本价值观——核心理念、育人理念、服务理念、管理理念、校训、发展目标、社会使命、道德规范、经营思想、生活信念；二是学校的事业取向——如办学模式、学生培养目标、办学特色与品牌的确立、课程理念等。

（二）学校形象定位设计

学校形象定位要综合考虑很多因素，如学校长期战略规划、发展环境分析、营销策略和学校个性，以及形象定位实现的传播活动和管理职能的开展等。"在形象定位的设计和管理过程中，战略性原则和差别性原则是设计中要重点考虑的。学校形象定位设计是学校形象策划的核心，是学校形象管理的出发点和基础所在。形象定位必须坚持与众不同的策略，包括学校理念系统定位设计、学校行为系统定位设计、视觉识别系统的定位设计。这是学校形象的定位框架。"

1. 学校理念识别系统设计

第一，准确定位、体现特色。学校要进行形象建设，都要以学校的发展现状和固有文化为基础。同时，学校的内外部环境也要得到充分的重视，学校管理者结合本校的具体发展情况，细致深入地分析学校所处的内部、外部环境，为学校形象建设找到合适的切入点，展示学校的独特形象。此外，还要注重学校特色的培养，学校的办学特色对于学校的发展具有指导性。学校在理念识别系统的设计时，要有建设学校形象品牌的意识，学校良好的办学特色、独特的校园风貌、深厚的学校文化内涵均来源于学校长期的实践活动。学校要确立具有本校特色的办学目标，就必须将现有的学校特色提升到具有一定高度的境界和标准。

第二，以人为本、建设校风。学校是文化的体现，主要以教育为主，担负着培养学生人格的任务，如果学校的形象建设脱离了育人，就失去了意义。在形象建设中注重教师与学生的沟通，了解内部公众内心所需，科学制定以人为本的定位计划。

第三，塑造精神、确定目标。学校精神的塑造是学校从学校实际出发，将学校置于动态的发展序列中，主动培养塑造学校精神，使学校文化良好传承，并在学校各项活动中不断丰富和升华。学校在进行形象建设的过程中，领导层要表达学校的育人目标，并以学校校训、校歌等方式传播。育人目标也应当是学校形象建设过程中学校精神的集中体现。

2. 学校行为识别系统设计

行为系统定位是指以学校办学理念为基准，保证学校使命和目标得以实现的行为规范等的设计。学校行为识别是学校理念识别在学校工作中的具体体现。

首先，对内行为识别设计。

校长行为。校长本人的价值观和领导风格总是反映在学校文化中，校长是学校形象建设引领者，同时也是学校形象品牌的代言人。不同的学校有着不同的办学特色和办学优势，这就要求校长在进行学校形象建设的时候，要深入挖掘学校固有潜力，分析学校所遇到的机遇以及问题，并针对这些影响因素制定相应的解决策略，以此为学校确定合适的发展目标。同时，校长也应注意到自身魅力的塑造，使自身行为与学校形象建设有机统一起来。

教育质量。学校在进行形象建设的过程中，还要注意到学校对内建设的教学质量的提升，要做到公共关系与提高教学质量的统一。学校教学质量的设计与提升要遵从于学校的办学理念，并且要对教师实施相应的激励机制，同时注重广大师生整体素质的提高，尊重学生的个性，努力培养学生的创新精神和动手操作能力，使整个教学活动能实现全面的发展，并且能使学生的身心健康得到发展。学生是教学活动重要参与者，一定要重视学生的作用，多接纳学生意见。此外，学校要经常召开教师大会，听取教师在教学中的意见，及时调整教学计划。

教师管理。教师是学校最为重要的内部公众之一，在学校不仅有教育学生、传播知识的任务，而且也是学校形象建设的重要环节之一。学校教师自身的行为态度、思维模式、工作态度等都会直接影响学生教育和学校形象建设。如果教师的行为不够得体，那么学校的形象也将会间接受到影响。同时，教师的思维方式也影响着学校形象建设，假如教师并不热衷或消极看待学校形象建设，便不会融入形象建设的队伍中去，这将直接阻碍形象建设。面对这些问题，学校应及时加强教师管理，应给予合理的指导并建立教师发展激励机制，为教师树立创新观念，并真正投身到学校办学理念和发展目标中去。

其次，对外行为识别设计。

学校的对外行为识别，我们可以看作是学校与外部公众的沟通行为，这里我们需要强调的一点还有沟通礼仪。在学校与对外行为识别的过程中，礼仪是交往的技巧和规范，包括态度、行为和语言等方面。礼仪就是礼节和仪式，在人际交往中，要求互动的双方，按照约定俗成的规范和仪式礼貌待人，尊重是其核心要素，即尊重别人的人格、价值和尊严。这是礼仪的基本内核与前提。全校员工都是对外行为的使者，也是礼仪的使者。教师是学校的形象使者，学生是学校形象的传播者，办公室是学校形象的代表。学校中的每个人都担负着学校形象管理的责任。公共关系部门或者办公室人员不仅是学校内部公共关系活动中举足轻重的角色，而且其言行举止对公众产生的影响持久巨大，印象深刻。所以，校长应该花成本对公共关系部门或办公室人员进行必要的态度和日常基本礼仪方面的培训。

3. 学校视觉识别系统设计

学校视觉识别主要是把学校的办学理念、办学宗旨通过学校的标志、建筑布局等以视觉效果最直接地传达给社会公众。学校在进行视觉识别设计时，要结合学校的实际情况合理有效地进行推广，因为视觉识别的设计如果在正确的实际导入时，会使学校形象有很大提高，但是，我们不可忽略的是，学校形象的塑造是一个漫长的过程，如果学校视觉识别行为在应用中没有获得预期效果，这就更需要学校积极维护和建设学校形象，一般来说，除了固有的建筑形象较为稳定外，学校还应利用一些契机来良好地进行学校视觉行为设计。

（三）学校形象差异化管理策略分析

1. 学校差异化原则

学校差异是指一所学校与其他学校相比，在个性和特色方面保持有价值的区别。学校形象的差异化管理是指学校增加一系列有意义、有价值的差异，从而把自己和其他学校区别开来的过程，简称差异化过程。

一所学校必须决定在定位时向目标公众提供和宣传多少其教育差异，主要包括本校的教育特色和给公众带来什么样的利益和服务。其最终的表现是形成学校的差异竞争力和学校品牌。

2. 学校形象差异化管理策略

学校必须有清晰明确的差异陈述。差异化管理策略包括：历史与传统特色差异化。一所学校的生存和发展定位于自己的特色，如它的规模、它的历史等。

利益特色定位差异化。每一种品牌应该选择使其成为某一利益上的"第一名"。"第一名"的定位主要有"最好的质量""最好的师资""最佳的服务""最有特色的教学""最有声望"等。如果一所学校在持续的努力中坚持不懈地进行传播，他就一定会有较高的知名度并获得竞争优势，从而吸引目标公众。

第一，教职员工形象差异化。学校通过训练有素的教职员工获得强大的竞争优势。塑造学校员工形象，从精神、气质到外表。做到员工形象视觉识别的差异化，包括服饰外表、造型设计（整洁、职业化、亲切、美）、文明礼仪训练、职业规范、文化素养等。环境形象管理是指校园环境的设计，清洁、美观、和谐是标准。

第二，学校品牌建设策略。学校品牌既是一种功能性品牌——消费者认为品牌提供了非凡的作用和价值，满足了功能性的需要；学校品牌也是一种体验性品牌——不仅仅是获得了商品，还获得超值体验——在那里会遇到特定的人和地方。

学校品牌管理需要做到如下几点。

首先是标志。一个名字、标志、色彩、标语——这是营销工具和战略。强烈的标志让人印象深刻。学校可以选择与自己理念和特色吻合的替代物，作为学校形象的标志。学校可以选择不同的颜色作为标志，可以用音乐作为标志，如校歌。口号也是有效的标记之一。

其次是建立、运用传播品牌的工具。如公共关系和媒体宣传、赞助、参观、名人名校效应、物理空间展示等手段都可以尝试。其中，空间展示是学校形象的强有力的展示形式。其前提是允许公众参观，并且主动邀请参观者——参观学校的建筑布局、感受文化气息等。

最后是管理品牌资源。品牌的品质是营销者和经营者许诺——向顾客持续传递特定的特性、利益和服务。否则，品牌很难维持和发展下去。社会公众对学校品牌的认识是通过一系列细致的接触点开始的，如观察校园、参观学校、接触教师、询问学生等，所以学校每个人都要重视与公众的每一次交流，获得公众对学校的好感、接受和忠诚。同时，对学校品牌的管理除了全员和全程管理之外，还可以实行团队管理策略，建立以校长为中心的专门品牌资源管理团队，以维持和发展学校品牌。

参考文献

[1] 冉启兰. 教育管理理念与思维创新 ［M］. 长春：吉林出版集团股份有限公司，2020.

[2] 田方，徐丽丽，吕仁顺. 教育教学管理 ［M］. 天津：天津科学技术出版社，2020.

[3] 张占成. 现代教育的科学管理问题研究 ［M］. 西安：西北工业大学出版社，2020.

[4] 闵家顺. 基于核心素养培育的 STEM 教学设计 ［M］. 北京/西安：世界图书出版公司，2020.

[5] 杜志华. 基于核心素养培育的校本课程体系设计与实施研究 ［M］. 长春：吉林人民出版社，2020.

[6] 杨江，陈意德，陈红. 面向学科核心素养培育 ［M］. 昆明：云南科技出版社，2020.

[7] 邓伟. 培育学生核心素养研究 ［M］. 银川：宁夏人民出版社，2020.

[8] 杨孝斌，吴万辉，吕传汉. 基于培育数学核心素养的行动 ［M］. 上海：华东师范大学出版社，2020.

[9] 李学书. 指向核心素养的课程整合 ［M］. 福州：福建教育出版社，2020.

[10] 黄京，张璇. 创新课堂实践落实素养培育 ［M］. 北京：北京出版社，2020.

[11] 佘莉. 学科核心素养背景下的课堂教学 ［M］. 长春：吉林文史出版社，2020.

[12] 贺芳. 教育管理与学生心理教育 ［M］. 长春：吉林人民出版社，2021.

[13] 曾晓洁，顾明远，鲍东明. 基础教育治理模式创新与学校变革 ［M］. 大

连：辽宁师范大学出版社，2021.

[14] 周非，周璨萍，黄雄平. 教育教学管理与素质培养研究 [M]. 吉林人民出版社，2021.

[15] 郭芳英. 指向地理学科核心素养培育的教学研究 [M]. 陕西师范大学出版总社，2021.

[16] 李文萱. 指向核心素养培育的区域教学改进研究 [M]. 上海：上海教育出版社，2021.

[17] 包明. 核心素养视域下的互动生态教学 [M]. 广州：广州中山大学出版社，2021.

[18] 韦兵余，陈迎春，闫俊凤. 学校教育管理与教学艺术 [M]. 长春：吉林科学技术出版社，2022.

[19] 陈晓伟，寇鑫，张庆. 新时期学生教育与学校管理工作创新研究 [M]. 长春：吉林文史出版社，2022.

[20] 罗明东. 学校领导与管理模式引论 [M]. 北京：新华出版社，2022.

[21] 李林. 特色学校创建与管理智慧 [M]. 延吉：延边大学出版社，2022.

[22] 刘长海. 教育性学生管理研究 [M]. 武汉：华中科技大学出版社，2022.

[23] 李帆，张新民，周密. 核心素养培育与课堂整体转型 [M]. 北京：知识产权出版社，2022.

[24] 余文森，龙安邦. 指向核心素养的课堂教学探索 [M]. 北京：高等教育出版社，2022.

[25] 朱群霞. 素养培育与学科融通大单元问题化教学探索 [M]. 上海：上海交通大学出版社，2022.

[26] 彭霞光，杨希洁，冯雅静. 融合教育学校教学与管理 [M]. 北京：华夏出版社，2023.

[27] 肖起清. 教师教育系列教材学校教育与管理 [M]. 北京：高等教育出版社，2023.

[28] 陈艳. 教育管理的理论探索与研究 [M]. 延吉：延边大学出版社，2023.

[29] 郭臻琦. 学校管理优化发展研究 [M]. 北京：中国商务出版社，2023.

[30] 彭斌. 课堂教学革新与学生核心素养培育研究 [M]. 北京：北京工业大学出版社，2023.